Devarakonda S. V. S. Balasubrahmanyam

Introdução à Administração Pública

Devarakonda S. V. S. Balasubrahmanyam

Introdução à Administração Pública

Natureza - Âmbito - Teorias

ScienciaScripts

Imprint
Any brand names and product names mentioned in this book are subject to trademark, brand or patent protection and are trademarks or registered trademarks of their respective holders. The use of brand names, product names, common names, trade names, product descriptions etc. even without a particular marking in this work is in no way to be construed to mean that such names may be regarded as unrestricted in respect of trademark and brand protection legislation and could thus be used by anyone.

Cover image: www.ingimage.com

This book is a translation from the original published under ISBN 978-620-5-51962-2.

Publisher:
Sciencia Scripts
is a trademark of
Dodo Books Indian Ocean Ltd. and OmniScriptum S.R.L publishing group

120 High Road, East Finchley, London, N2 9ED, United Kingdom
Str. Armeneasca 28/1, office 1, Chisinau MD-2012, Republic of Moldova, Europe
Printed at: see last page
ISBN: 978-620-5-56726-5

Copyright © Devarakonda S. V. S. Balasubrahmanyam
Copyright © 2023 Dodo Books Indian Ocean Ltd. and OmniScriptum S.R.L publishing group

Prefácio

Nos tempos modernos, o estudo da administração pública tem desempenhado um papel muito proeminente e tem vindo a influenciar em grande medida a vida pública. Um sistema estatal só pode proporcionar um melhor nível de vida para o povo através do estudo da administração científica. É por isso que o âmbito da ciência administrativa está a aumentar e a aumentar a importância do estudo.

Este livro explica aos estudantes os vários aspectos do significado da administração pública, natureza, âmbito, importância, diferentes abordagens e teorias para compreender os princípios básicos da disciplina.

O livro é útil para os estudantes do primeiro ano de B.A. de Administração Pública. Para facilidade de estudo, o programa é dividido em diferentes capítulos para que os estudantes compreendam o assunto à vontade. Woodrow Wilson's dichotomy, Henry Fayol's Functionalism, F.W. Taylor's Scientific Management, Luther Gulick e Lindal Urwick's Administrative Management Theory, Max Weber's Bureaucratic Theory, M.P Follet's Conflict Resolution e Chester Barnard's Neo-Classical Models discutidos em pormenor neste livro.

Editor e Autor:
Dr. Sri Venkata Surya Balasubrahmanyam Devarakonda Faculdade de Ciências Políticas e Administração Pública
S .R.R. & C.V. R Government Degree College, Vijayawada.

O autor Dr.DSVS.Balasubrahmanyam teve uma experiência de 22 anos de ensino para estudantes de graduação e pós-graduação com compreensão geral na disciplina de Administração Pública e Ciência Política. O Andhra Pradesh State Council of Higher Education e o Commissionerate of Collegiate Education, em conjunto, atribuíram o desenvolvimento de conteúdos e a redacção de livros de texto para estudantes de graduação na disciplina de

Ciência Política e Administração Pública para todos os semestres do actual ano académico de 2022-23.

DEDICADO AOS MEUS PAIS SRI DEVARAKONDA SRI DEVARAKONDA SUBRAHMANYA SASTRY

&

SATYA RAMALAKSHMI

ÍNDICE

Capítulo 1	5
Capítulo 2	17
Capítulo 3	26
Capítulo 4	34
Capítulo 5	47
Capítulo 6	56
Capítulo 7	65
Capítulo 8	72

CAPÍTULO 1

ADMINISTRAÇÃO PÚBLICA - NATUREZA - ÂMBITO

Introdução:
   A Administração Pública consiste nas actividades empreendidas pelo Governo para cuidar do seu povo ou para gerir os seus assuntos. O conceito de Administração Pública, parece pertinente para compreender o significado dos termos "público" e "administração" separadamente.
   A palavra "público" significa o povo de um território ou estado definido. Como a vontade do povo de um Estado é representada pelo governo, a palavra "público" também conota um significado especializado, ou seja, governamental. A palavra inglesa "administer" deriva da palavra latina "ad" e "Ministrare" que significa "To Serve". Assim, em palavras simples "administração" significa a "gestão de assuntos" ou cuidar do povo. Woodrow Wilson é considerado como o pai da disciplina da Administração Pública.

Administração Pública: Significado:
A Administração Pública é o complexo de actividades governamentais que são empreendidas no interesse público a diferentes níveis, tais como o nível central, estatal e local. Trata essencialmente da maquinaria e dos procedimentos das actividades do Governo. É um meio através do qual as decisões políticas são tomadas pelos decisores políticos.

   Administração Pública é a tomada de decisões, planeamento do trabalho a ser feito, formulação de objectivos e metas, trabalho com o legislador e os cidadãos da organização para obter apoio público e fundos para programas governamentais, estabelecimento e revisão da organização, direcção e supervisão dos funcionários, liderança, comunicação e recepção de comunicação, determinação de métodos e procedimentos de trabalho, avaliação de desempenho, exercício de controlo e outras funções desempenhadas por executivos e supervisores governamentais. É a parte da acção do Governo, o meio pelo qual o propósito e os objectivos do Governo são realizados.

   A Administração Pública traduz os objectivos políticos estabelecidos pelos decisores políticos, fornece bens e serviços às pessoas, e implementa programas de desenvolvimento socioeconómico para o desenvolvimento de toda a sociedade.

   Com a emergência da democracia e o conceito de serviço de bem-estar moderno do Estado, as actividades governamentais aumentaram a passos largos. Inicialmente, as actividades governamentais limitavam-se principalmente à manutenção da lei e da ordem, à cobrança de receitas e à protecção dos cidadãos contra agressões externas. Mas, hoje em dia, o Governo tem de cuidar dos seus cidadãos desde o ventre até ao túmulo. Isto significa que o Governo tem de fornecer vários bens e serviços às pessoas desde o nascimento até à morte e mesmo depois disso, sob a forma de cuidar da família do falecido.

Definições:

A Administração Pública, tal como definida por alguns estudiosos, esclarece sobre o que o termo transmite.

Segundo **Woodrow Wilson**, "A Administração Pública é a execução detalhada e sistemática da Lei. Cada aplicação particular de uma lei é um acto de administração".

De acordo com **L.D.White**, "A Administração Pública consiste em todas as operações que tenham como objectivo o cumprimento ou a aplicação de políticas públicas, tal como declaradas pela autoridade competente".

Segundo **Mc Queen**, "Administração Pública é a administração relacionada com o funcionamento do Governo, quer seja Local ou Central".

Segundo o **Marechal E. Dimock**, "a Administração Pública preocupa-se com 'o quê' e 'como' do Governo. O 'o quê' é o assunto - a matéria, o saber-fazer técnico de um campo que permite ao administrador o saber-fazer técnico de um campo que permite ao administrador desempenhar as suas tarefas. O "como" é a técnica de gestão, os princípios segundo os quais os programas cooperativos são levados ao sucesso. Cada um deles é indispensável, juntos formam a síntese chamada administração".

Segundo **J.M. Pfiffner** "A administração consiste em fazer o trabalho do governo através da coordenação dos esforços do povo para que este possa trabalhar em conjunto na realização das suas tarefas definidas".

Segundo **H. Walker**, "O trabalho que o governo faz para dar efeito a uma lei chama-se administração".

Segundo **J.S. Hodgson**, "A Administração Pública compreende todas as actividades de pessoas ou grupos em governos ou nas suas agências, quer estas organizações sejam internacionais, regionais ou locais no seu âmbito, para cumprir o objectivo destes governos ou agências".

Segundo **D. Waldo**, que define a administração pública como "a arte da ciência da gestão aplicada aos assuntos de estado".

Todas estas definições tornam claro que a administração pública é realmente um governo em acção. No uso comum, preocupa-se com o executivo, o operativo e a parte mais óbvia do governo. Por outras palavras, preocupa-se principalmente com a execução e implementação de parte da actividade governamental, com a questão de quão baixo deve ser administrado com equidade, rapidez e sem fricções. Portanto, a administração pública compreende a execução sistemática da vontade do povo que foi descoberta, formulada e expressa sob a forma de leis pela legislação. Em resumo, pode dizer-se que a administração pública é a máquina não política do governo que realiza o seu trabalho para o bem-estar do povo, de acordo com as leis estabelecidas pelo Estado.

Natureza da Administração Pública:
A Natureza da Administração Pública, há dois pontos de vista a seu respeito. De acordo com a visão integral, a administração é a soma total de todas as actividades, tais como manuais, de gestão, administrativas e técnicas. As actividades que se enquadram no âmbito da administração incluem os serviços prestados pelo moço de recados, o capataz, o porteiro, o varredor e as actividades dos funcionários superiores, tais como secretários de departamentos governamentais e gestores gerais de organizações do sector público. A opinião dos gestores foi expressa por Herbert Simon, Smithburgh e Thomson. A administração está associada a técnicas de gestão. A administração é uma actividade especializada, constituída pela organização de homens e materiais para um fim específico. Estas técnicas incluem planeamento, organização, pessoal, coordenação, relatórios e elaboração de orçamentos. Cada letra do acrónimo significa uma actividade de gestão.

Planeamento - que é a preparação para a acção.
Organização - que é a estrutura através da qual os objectivos são realizados. Implica a divisão da coordenação do trabalho, ou seja, cortar e coser em conjunto.
Pessoal - que é toda a gama de gestão de pessoal, desde o recrutamento até à reforma.
Dirigir - significa emitir ordens e instruções para a orientação do pessoal.
Coordenação significa todas as actividades importantes de interligação de várias partes do trabalho e eliminação, sobreposição e conflito.
Informar - significa manter tanto os superiores como os subordinados informados sobre os trabalhos em curso.
Orçamento - sobre todos os aspectos de toda a gama da administração financeira.

Sentiu-se que as actividades 'POSDCORB' constituíam o núcleo da administração pública. Mas mais tarde percebeu-se que elas não eram nem a administração no seu todo nem mesmo a parte importante da mesma. São os melhores instrumentos de administração. A substância da administração é algo diferente. Mesmo as actividades do POSDCORB são também influenciadas pelo tema da administração. No entanto, a visão do assunto da administração surgiu. Isto põe em evidência as actividades ou serviços, ou seja, o objecto da administração. O âmbito da administração pública consiste no POSDCORB da parte teórica e a parte aplicada consiste nos estudos ou aplicação concreta da teoria administrativa a vários ramos da administração.

Características da Administração Pública:
A Natureza da Administração Pública implica nas suas características. O espectacular aumento no alcance e volume das suas funções e actividades exigiu o aumento da sua dimensão. Segundo Nicholas Henry, esta burocracia florescente é um fenómeno da administração pública. A Administração Pública é

frequentemente monopolista porque, no campo das suas actividades, não há muitos concorrentes. A uniformidade no seu tratamento dos cidadãos é a característica única da administração pública. A responsabilização pública é outra característica da administração pública. As actividades da Administração Pública são reguladas por regras e regulamentos elaborados, que requerem a manutenção de registos elaborados e a consideração de precedentes. O objectivo da administração pública é o serviço público, o interesse público e o bem-estar público são os seus principais objectivos.

O Âmbito da Administração Pública:
Como salientado no início, a administração pública é um segmento do campo mais vasto da administração. Mas existem diferentes opiniões sobre o âmbito da administração pública, quer se trate da parte administrativa do trabalho governamental ou de todo o complexo de actividades apenas do poder executivo ou de todos os ramos, ou seja, legislativo, executivo e judicial. Há duas opiniões sobre o âmbito do estudo da administração pública. Visão "Integral" e visão "Gerencial".

De acordo com a Visão Integral:
A administração pública é um somatório de todas as actividades empreendidas na prossecução e no cumprimento das políticas públicas. Estas actividades incluem não só de gestão e técnicas, mas também manuais e clerical. Assim, as actividades de todas as pessoas que trabalham numa organização, de cima para baixo, constituem administração. De acordo com L.D. White public administration "consiste em todas as operações que têm por objectivo o cumprimento ou a aplicação de políticas públicas".

De acordo com a Visão Gerencial:
O trabalho apenas das pessoas que estão empenhadas no desempenho de funções de gestão numa organização constitui administração. São estas pessoas que devem ter a responsabilidade de manter a empresa em pé de igualdade e de a gerir da forma mais eficiente. L. Qualick subscreve a visão Gerencial. Ele define as técnicas de gestão pela palavra "POSDCORB", cada letra representa uma técnica de gestão diferente, ou seja, planeamento, organização, pessoal, direcção, coordenação de relatórios e elaboração de orçamentos.

Segundo Pfiffiner, o âmbito da Administração Pública pode ser dividido sob duas grandes cabeças: Princípios da Administração Pública e Esfera da Administração Pública. Na primeira categoria, a administração pública estuda a organização que significa "a estruturação de indivíduos e funções em relação produtiva", gestão de pessoal que está "preocupado com a direcção desses indivíduos e funções para atingir fins previamente determinados.

Assim, "a administração pública, em suma, inclui a totalidade da actividade governamental, englobando o exercício da variedade infinita e as técnicas de organização e gestão através das quais, a ordem e o propósito social são dados ao esforço de vastos números". Uma descrição mais abrangente do âmbito da administração pública foi dada por Walker. Ele dividiu-o em duas partes: (a) teoria administrativa e (b) administração aplicada. A teoria administrativa inclui o estudo da estrutura, organização, funções e métodos de todos os tipos de autoridades públicas envolvidas na execução da administração a todos os níveis, ou seja, nacional, regional, local, etc. A Administração Aplicada é difícil de dar uma declaração abrangente sobre o que a "administração aplicada" deve incluir exactamente devido ao novo campo da administração pública, em rápido crescimento. Walker fez uma tentativa de classificar as principais formas de administração aplicada com base em dez funções principais que ele designa como políticas, legislativas, financeiras, defensivas, educativas, sociais, económicas, estrangeiras, imperiais e locais. Embora haja muita sobreposição na classificação de Walker, é uma boa tentativa para uma definição exaustiva da administração aplicada. De forma mais resumida, a administração aplicada inclui o estudo da administração nos vários países do mundo, de vários departamentos de serviços nos estados progressistas, da organização de vários níveis, ou seja, governamental, local, nacional e internacional do desenvolvimento histórico dos métodos e técnicas administrativas e dos problemas ligados às organizações internacionais.

Mais particularmente, a administração pública é apenas um meio para a realização dos objectos do próprio Estado - "a manutenção da paz e da ordem, a realização progressiva da justiça, a instrução dos jovens, a protecção contra as doenças e a insegurança, o ajustamento e o compromisso de grupos e interesses em conflito, em suma, a realização da boa vida das pessoas".

Significado da Administração Pública:

A Administração Pública é uma parte essencial de uma sociedade e um factor dominante na vida na era moderna, que assistiu ao surgimento daquilo a que se tem chamado apropriadamente o "Estado Administrativo". Tem havido um tremendo aumento da importância da Administração Pública com a expansão das actividades do Estado. A velha nação dos séculos de Estado policial, responsável apenas pela manutenção da lei e da ordem e pela política do laissez faire, ou seja, a menor interferência nas actividades quotidianas, perdeu completamente a sua relevância. O Estado moderno assumiu então um novo papel de acelerador das mudanças económicas e sociais, bem como de impulsionador e estimulador do desenvolvimento nacional. Com esta mudança, nos fins do Estado moderno, o objectivo da administração pública foi também completamente reorientado. Há intercâmbios de emprego, gabinetes de racionamento, casas da moeda do governo, departamentos de agricultura, indústrias, relações externas, etc., que afectam quase todos os cidadãos de uma forma ou de outra. Isto prova abundantemente que a administração pública é um processo social vital para a satisfação de maiores necessidades. É uma parte integrante da vida social, cultural e económica de uma nação e é uma força permanente da vida. Edmond Burke disse que "constitui o governo como se agradar infinitamente a maior parte dele dependerá do exercício de poderes que são deixados em liberdade aos ministros de estado. Sem uma gestão adequada, a vossa comunidade não é melhor do que um esquema no papel e não uma constituição viva, activa e eficaz. Nas palavras de D. Waldo, é "à parte" do complexo cultural e não é só sobre a acção, mas também actua". É uma grande força criativa. Segundo Woodrow Wilson, o objectivo principal do estudo administrativo é descobrir o que um governo pode fazer e descobrir como poderia ser feito de melhor forma. Wilson postulou que antes do século 18th ; as actividades do governo não eram tão complexas como eram no século 19th . Os cientistas políticos durante esse período elaboraram leis para diferentes países e os sistemas administrativos implementaram-nas sem qualquer problema. O foco de todos os pensadores políticos estava em enquadrar as leis e a implementação de tais leis era tratada como corolário natural, o que exigia pouca análise científica e pensamento, uma vez feita uma lei, esta era considerada como implementada, uma vez que a administração podia forçá-la a baixar sobre a população sem grande resistência. Segundo Wilson, no século 18th e antes disso, a questão que incomodava todos os cientistas políticos era como fazer uma constituição e não como implementá-la.

De acordo com Wilson, no século 19th , apresentou uma imagem contrastante de forma diferente no século anterior. Uma vez que a população tinha aumentado e as actividades governamentais se tinham tornado extremamente complexas. O advento de uma sociedade industrial lançou problemas de natureza extremamente complexa que se esperava que o governo resolvesse. As funções do governo estão a tornar-se cada vez mais complexas e difíceis a cada dia que passa, e estão também a multiplicar-se em grande número. A administração está em todo o lado a pôr as mãos em novos entendimentos. Devido à natureza tão amorfa das funções, o administrador praticante tem extrema dificuldade em compreender os vários factos do seu trabalho. Tal situação, de acordo com Wilson, exige o apoio de intelectuais sob a forma de estudo sistemático da administração.

Segundo Woodrow Wilson, o principal objectivo do estudo administrativo é descobrir o que um governo pode fazer e descobrir como poderia ser feito de melhor forma. Wilson postulou que antes do século 18th , as actividades do governo não eram tão complexas como eram no século 19th . Os cientistas políticos durante esse período elaboraram leis para diferentes países e os sistemas administrativos implementaram-nas sem qualquer problema. O foco de todos os pensadores políticos estava em enquadrar as leis e a implementação de tais leis era tratada como corolário natural, o que exigia pouca análise científica e pensamento, uma vez feita uma lei, esta era considerada como implementada, uma vez que a administração podia forçá-la a baixar sobre a população sem grande resistência. Segundo Wilson, no século 18th e antes disso, a questão que incomodava todos os cientistas políticos era como fazer uma constituição e como implementá-la.

Relação entre a Opinião Pública e a Administração:

   Wilson examinou o problema, quanto ao papel da opinião pública na conduta da administração e a sua resposta foi que o papel da opinião pública deveria ser o de um crítico autoritário. Segundo Wilson, exercido directamente, a supervisão dos detalhes diários e na escolha dos meios diários de governo, a crítica pública é naturalmente um incómodo desajeitado, uma maquinaria rústica de manipulação delicada. Wilson opinou que o estudo administrativo deveria encontrar os melhores meios para dar à crítica pública este controlo e para a afastar de todas as outras interferências. Para a melhoria da opinião pública, são necessários funcionários públicos de alto calibre. Por conseguinte, Wilson sentiu a necessidade de pessoal da função pública tecnicamente formado, Wilson afirmou sem ambiguidade que os funcionários públicos são o aparelho do governo. Wilson acreditava que os funcionários públicos não estavam principalmente envolvidos na formulação de políticas.

Importância da Administração Pública nos Países em Desenvolvimento:

   A importância da Administração Pública pode ser aferida pelo facto de desempenhar um papel importante na vida de um cidadão desde o seu nascimento até à sua morte. Tanto nos países desenvolvidos como nos países em desenvolvimento, a administração pública tem vindo a desempenhar um papel crucial na regulação das sociedades e da vida das pessoas. O papel da administração pública nos países em desenvolvimento é o seguinte.

   As sociedades em desenvolvimento são sobretudo os continentes pobres, como em África e na América Latina, e a Ásia, tornaram-se independentes após a Segunda Guerra Mundial. Existem várias variações no que diz respeito às suas condições políticas sociais. Actualmente, o mundo está dividido em países desenvolvidos como a América, Reino Unido, Japão, Canadá, França, etc., e o resto dos países. Os países em desenvolvimento podem ainda ser classificados em função das suas diferentes fases de Desenvolvimento. No entanto, o atraso económico é comum em todos estes países. O nível de vida nestes países é menor do que o dos países desenvolvidos. Nos países desenvolvidos é prestada muita atenção para sustentar os progressos alcançados durante estes períodos.

Características da Administração Pública nos países em desenvolvimento:

   Tendo em conta a mudança económica e política, os sistemas administrativos, nos países em desenvolvimento, devem adoptar-se a si próprios, para satisfazer as exigências de mudança. A Administração Pública vê-se confrontada com um pesado fardo. Crescimento e desenvolvimento com justiça social que também no tempo mais rápido possível, o desafio enfrentado pela administração pública nestes países. Os traços distintivos da administração pública nas sociedades em desenvolvimento são aqui discutidos. Em primeiro lugar, as práticas de gestão de pessoal nos domínios do recrutamento e da promoção estão desactualizadas. O mérito não é devidamente reconhecido e encorajado. Em segundo lugar, a administração pública não é suficiente para satisfazer as crescentes exigências do Estado. Por conseguinte, é colocado um enorme fardo sobre a máquina administrativa, que é incapaz de o suportar.

Em terceiro lugar, a crescente centralização na tomada de decisões, apesar da tentativa de maior delegação e descentralização.

Em quarto lugar, há o domínio da administração generalista no sistema administrativo.

Em quinto lugar, a relação entre o poder que empunha o político -ministro e a decisão - implementando funcionários públicos não é muitas vezes tão harmoniosa como deveria ser.

Em sexto lugar, a corrupção na administração pública na maioria dos países em desenvolvimento tem aumentado enormemente.

Aumento da actividade do Estado:

A administração pública assume muita importância nos tempos modernos nas sociedades desenvolvidas e também nas sociedades em desenvolvimento, a sua importância nas sociedades em desenvolvimento necessita de elaboração e ênfase. As sociedades em desenvolvimento estão empenhadas na tarefa gigantesca do desenvolvimento para erradicar o analfabetismo, a pobreza e a fome. A estratégia adoptada na maioria destes países para um desenvolvimento acelerado no planeamento. Na formulação e implementação bem sucedida de planos e na conclusão atempada de esquemas e projectos, a administração desempenha um papel significativo. O enfoque operacional da administração deve ser em políticas e programas adequados e na sua implementação efectiva. Os funcionários públicos, em particular, têm de ser acomodatícios e sensíveis às necessidades das pessoas. A Administração Pública, em virtude do seu carácter nacional, constituída por pessoal pertencente a diferentes comunidades, castas e tribos, tem um papel vital na concretização da integração nacional. A importância da administração pública nos tempos modernos não necessita de ênfase especial. O bem-estar do povo está cada vez mais dependente dos níveis de desempenho do aparelho da administração pública.

Conceito de Estado de Bem-Estar:

A gama e o volume de actividades da administração aumentaram nos tempos modernos. O avanço científico e tecnológico, a revolução industrial, a aceitação dos ideais democráticos e do Estado de bem-estar e dos princípios socialistas e as exigências da administração do desenvolvimento são os factores causais mais importantes para o desenvolvimento. As actividades da Administração Pública com as quais as pessoas entram em contacto na sua vida quotidiana, não é exagero que não exista um campo de actividade humana com o qual a administração não esteja directa ou indirectamente preocupada. A administração pública é uma parte essencial da sociedade civilizada, tendo em conta o seu papel dominante na regulação do bem-estar e desenvolvimento.

Instalação democrática:

O papel da Administração Pública é vital na realização de eleições e na implementação das políticas e programas dos executivos eleitos num país democrático. Assiste também as legislaturas e os ministros na formulação de políticas. É considerado por alguns estudiosos que a burocracia pública no século XX está no centro da formulação de políticas públicas.

Força estabilizadora:

Segundo Pual Pigors, "a administração assegura a continuidade da ordem existente com um mínimo de esforço e risco. O seu fundamental é "transportar" em vez de se aventurar ao longo de um caminho novo e não experimentado. Os administradores são essencialmente os guardiães das tradições. A administração pública é uma grande força estabilizadora na sociedade. Após a independência da Índia, enfrentou os graves problemas de reabilitação, integração dos Estados nativos, graves carências alimentares e a reconstrução do pós-guerra. Estes foram resolvidos, em grande medida, através de intervenções administrativas eficazes na sociedade indiana.

Instrumento de Mudança Social:

A Administração Pública é um instrumento de mudança social. A administração pública desempenhou um papel substancial na erradicação da intocabilidade e na diminuição das tensões e conflitos sociais. A própria máquina administrativa consiste em pessoas pertencentes a diferentes credos, castas e grupos que trabalham desordenadamente no cumprimento da sua responsabilidade.

Evolução da Disciplina:

A Administração Pública, como tema de estudo, é de origem recente. Pode-se afirmar que um estudo sério da administração pública começou com a publicação do ensaio de Woodrow Wilson sobre "The Study of Public Administration in 1887 in the American political science quarterly". Ele foi de facto um pioneiro que deu o tom para o seu estudo sistemático. Os primeiros escritores sublinharam a dicotomia entre a política e a administração pública. L.D.White, Willoughby, F.M. Marx quase enterrou "dicotomia" entre a política e a administração pública com os seus escritos. Hoje em dia, a administração pública chegou ao seu próprio ponto com uma emergência mais equilibrada da disciplina. O estudo da administração pública é muito importante para os profissionais. Através do seu estudo sistemático, é possível conhecer o conhecimento da máquina administrativa e as suas numerosas actividades. Nas sociedades em desenvolvimento, vastas secções destas pessoas não têm conhecimento do conjunto de programas levados a cabo para a sua elevação. O estudo da administração pública, em certa medida, preenche a lacuna. De acordo com Woodrow Wilson, o objectivo do estudo administrativo é resgatar o método executivo da confusão e do custo da experiência empírica e colocá-lo sobre bases assentes em princípios estáveis. De acordo com Charles Beard, a Administração Pública é a ciência chave da civilização contemporânea. Não há assunto mais importante do que o tema da administração pública.

Contexto em mudança:

Há uma mudança nas percepções sobre o papel do Estado e da administração pública. No contexto em mudança na Índia, popularmente conhecido como políticas de ajustamento estrutural, resultou na ênfase na privatização, liberalização e globalização. A boa governação e a governação electrónica são os dois importantes desenvolvimentos deste novo contexto.

Boa Governação:

A boa governação é considerada como um requisito importante para o desenvolvimento da nação. A boa governação é uma função importante da administração pública, a governação é um conceito mais amplo, que é definido como "a forma como o poder é exercido na gestão dos recursos sociais e económicos de um país para o desenvolvimento". Existem algumas das características da boa governação mencionadas abaixo:
1. Liberdade de participação e associação de vários grupos sociais, económicos, religiosos, culturais e profissionais no processo de governação.

2. Responsabilidade política do sistema político pelo povo e eleições regulares para legitimar o exercício do poder político.
3. Responsabilidade burocrática assegurando um sistema de monitorização e controlo do desempenho dos funcionários e gabinetes governamentais em relação à qualidade do serviço, ineficiência e abuso do poder discricionário.
4. Cooperação entre as organizações da sociedade civil e o governo.
5. Um bom sistema administrativo conduz à eficiência e eficácia. A eficácia inclui o grau de realização global, de acordo com os objectivos declarados.
6. Liberdade de expressão e informação necessária para a formulação de políticas públicas, monitorização, tomada de decisões e avaliação do desempenho do governo.

E-Governança:
O governo electrónico é por vezes chamado governo digital, uma vez que o novo sistema utiliza a Internet como porta de entrada ou como meio através do qual as pessoas e o governo se ligam uns aos outros. E-Governance é considerado como uma ferramenta importante de boa governação. As novas tecnologias facilitam a capacidade do governo para responder mais eficazmente às necessidades das pessoas. O governo da Índia e muitos governos estaduais, incluindo Andhra Pradesh, tomaram muitas iniciativas louváveis na actualização dos sistemas, gestão de acordos de parceria com fornecedores de tecnologia, construindo a confiança entre o público na fiabilidade dos sistemas.

Conclusão:
Com o grande avanço da ciência e a invenção de novas técnicas a todos os níveis da actividade humana, o problema de manter uma coordenação eficaz entre a administração e o resto da comunidade assumiu grande importância. Portanto, a procura de um grande conhecimento da administração pública torna-se o elemento mais essencial nos tempos modernos. O sistema administrativo cresce e torna-se, por conseguinte, diversificado. Assim, é óbvio que embora a administração pública estude apenas o ramo administrativo do órgão executivo, o seu âmbito é muito vasto, uma vez que varia com a concepção popular de boa vida.

Livros de referência:
1. Ralph Clark Chandler (eds), A centennial History of the American Administrative Sate,The free Press, Nova Iorque, 1988.
2. Jack Robin e James S. Bowman (eds), Woodrow Wilson e Administração Pública Americana, Marcel Dekker, NewYork, 1984.
3. Woodrow Wilson, "The study of Administration", Political Science Quarterly Vol.50,December, 1941.
4. Robert T. Golambiewski, Public Administration as a Developing Descriptive Part I, Marcel, Dekker, NewYork, 1977.
5. Mohit Bhattacharya, Administração Pública, World Press, Nova Deli, 1987.
6. D.R. Prasad Outros (eds), Administrative Thinkers, Sterling Publishers, Nova Deli, 1989.
7. Maheswari, Shriram, Administrative Thinkers, Macmillan India Limited, Nova Deli, 1998.
8. Fadia, B.L. e Fadia, Kuldeep, Administração Pública, Publicações Sahitya Bhavan,Agra, 2009.
9. Dr.Satyapriya & Pritam Singh, Administração Pública, Bright Career Publication, Delhi,2007.
10. Administração Pública, Conceitos, Teorias e Princípios, Telugu Akademi, Hyderabad,2011.

11. Arora, Ramesh Kand Sogani, Meena Themes and Issues in Administrative Theory,Arihant Publishers, Jaipur, 1991
12. Sharma, M.P., e Sadana, B.L., Public Administration in Theory and practice, KitabMahal, Nova Deli, 2010.

CAPÍTULO 2

DICHOTOMIA POLÍTICA E ADMINISTRATIVA WOODROW WILSON

Introdução:
    A Administração Pública é considerada como uma das mais recentes disciplinas das ciências sociais. Tal como outras disciplinas, passou por várias fases de evolução. Acredita-se que a Administração como actividade ou como processo é tão antiga como o cultivo humano, Woodrow Wilson deu contribuições significativas para o desenvolvimento da Administração Pública como uma disciplina separada.

Período I: (1887-1926) - A Era da Política -AdministraçãoDicotomia:
    A primeira fase da sua evolução é considerada como tendo começado com o aparecimento em 1887 dos ensaios de Woodrow Wilson intitulados "O Estudo da Administração". Ele é considerado como o pai da disciplina. Embora o ensaio, o mais distinto ensaio da história da Administração Pública americana, Wilson procurou ajudar no estabelecimento da Administração Pública como um campo de estudo reconhecido. "O Estudo da Administração", os escritos publicados por Wilson são numerosos. Entre eles, mais importantes são o movimento congressional. Um estudo sobre a política americana (1885). The StateElements of Historical and practical politics (1889); Division and Reunion 1829-89 (1893): Um antigo mestre e outros ensaios (1896); George Washington (1896); A History of American people in 5 volumes (1902). Neste ensaio, Wilson sublinhou a necessidade de um estudo separado da administração, uma vez que considerava a administração como distinta da política. Argumentou que fazer leis ou enquadrar uma constituição é a preocupação da política, enquanto que a administração se preocupa com a gestão de uma constituição. Esta conceptualização inicial da administração pública passou a ser conhecida entre os círculos académicos como dicotomia política -administração.

    Gradualmente, a administração pública começou a receber uma atenção crescente dos estudiosos na América, principalmente devido ao movimento de serviço público que teve lugar nas Universidades Americanas durante os primeiros anos deste século. Em 1920, o desenvolvimento da administração pública como disciplina independente foi ainda mais impulsionado com a publicação do primeiro livro de texto de L.D. White no campo intitulado "Introdução à Administração Pública" (926). Este livro explicou fielmente que não se deve permitir que a política interfira com a administração pública como a gestão é república de se tornar uma ciência "sem valor". A característica notável do primeiro período das fases evolutivas da disciplina foi uma crença apaixonada na "dicotomia política-administração" e a invalidez prática da dicotomia não incomodou os funileiros.

Período -II: (1927-1937) - Princípios de Administração:
O segundo período de evolução da disciplina é marcado pela tendência para reforçar a ideia de dicotomia "administração política" e para fazer evoluir uma ciência de gestão sem valor. A administração pública alcançou grande reputação durante este período devido à perícia dos administradores, trabalhando também na indústria e no governo.

O período amanheceu com o aparecimento das obras de W.F. Willoughby 'princípios da administração pública' em 1927. O título do livro indica axiomaticamente o novo impulso da disciplina. Da mesma forma, surgiram várias outras obras, sendo as mais notáveis entre elas "Princípios de Organização" de Mooney e Reiley; experiência criativa de Mary Parker Follett; "Gestão Industrial e Geral" de Henri Fayol. Acredita-se que este período esteja no seu auge em 1937, quando apareceram os "Papers on the Science of Administration" de Luther H. Gulick e Lyndal Urwick. O uso da palavra "ciência" foi significativo para Gulick e Urwick considerou que, a administração é uma ciência. Gulick e Urwick cunharam o acrónimo -POSDCORB- para promover sete princípios de administração. As máximas POSDCORB de administração foram ditas como sendo de aplicação universal em organizações antigas. Cada administração tem de desempenhar independentemente do contexto cultural, social e político 'POSDCORD' era um termo que abrangia as funções executivas de planeamento, organização, direcção, pessoal, coordenação, elaboração de relatórios e elaboração de orçamentos. Na raiz da síntese do 'POSDCORB' estava o apelo à construção de um sistema de administração eficaz e eficiente desde o mais alto nível de administração. Esta fase da história da teoria da administração pública é muitas vezes designada como o "Alto Meio-dia da Ortodoxia".

Período - III (1938-1947): Os princípios foram postos em causa:
A terceira fase pode ser denominada de reacção e desafio contra os tão chamados "princípios de administração", que foram apelidados de "falácias naturalistas", e "provérbios". Em 1938, Chester Barnard' influenciou consideravelmente Herbert A. Simon, que estava a preparar uma crítica de despojamento do campo, particularmente dos princípios. O verdadeiro desafio à teoria da administração pública veio de duas direcções: Uma objecção era contra os princípios e a outra era contra a dicotomia. A dicotomia foi descrita como enganadora, um fetiche, um estereótipo, e foi no entanto que esta dicotomia foi, na melhor das hipóteses, ingénua. Muitos praticantes e académicos sentiram que a dicotomia tinha danificado gravemente o campo. No entanto, um ataque mais severo foi dirigido contra os princípios. A alegação básica contra estes princípios era que não podiam existir princípios de administração. A crítica pós devastadora aos princípios veio de Herbert Simon, que atacou à força a própria razão de ser destes princípios. Segundo Simon, para cada princípio havia um princípio

contraditório igualmente plausível e aceitável. Herbert Simon introduziu duas novas promessas no estudo da administração pública. Em primeiro lugar, Simon introduziu na literatura da administração pública uma nova doutrina filosófica de positivismo lógico extraída da filosofia europeia. Em segundo lugar, ele propôs que o foco do estudo teórico da administração pública deveria ser o "comportamento" da administração ou o que realmente fazem ou, mais especificamente, como tomam decisões e fazem escolhas.

Esta fase foi marcada por tal crítica que a disciplina da administração pública se viu numa posição muito instável e a sua moral era baixa. Este período foi seguido por outro período crítico, ou seja, o período de crise.

Período-IV (1948-1970) Crise de Identidade:

Este período tem sido uma das crises para a administração pública. O corajoso novo mundo prometido pelos pensadores da era dos "princípios" ficou estilhaçado. O futuro da disciplina parecia incerto, pois estava a enfrentar uma grave crise, ou seja, crise de identidade. Evidentemente, a preocupação dos estudiosos durante esta fase era de restabelecer a ligação conceptual entre a administração pública e a ciência política. Como resultado, um grupo maior de estudiosos preocupou-se cada vez mais com a política pública, um campo recentemente emergido na ciência política nos EUA. Estas mudanças no mundo prático da administração pública revelaram também que é difícil quebrar a ligação entre a política e a administração.

O estudo transcultural da administração pública também chamado de administração pública comparativa, que é basicamente um novo desenvolvimento no campo da administração pública durante esta fase. Embora o interesse no estudo comparativo da administração pública se tenha tornado evidente na própria década de 1950, o verdadeiro impulso veio em 1962, quando o grupo administrativo comparativo foi formado com o apoio financeiro da Fundação Ford. A administração pública comparativa concentrou-se tanto na construção teórica como na aplicação prática no contexto das nações em desenvolvimento, que são também conhecidas como nações recentemente surgidas. Muito do trabalho na administração pública comparativa e na administração do desenvolvimento girava em torno das ideias de F.W. Riggs, cujas contribuições se tornaram a base para o desenvolvimento teórico destes dois conceitos.

Embora a administração pública tenha semeado as sementes da sua própria destruição, experimentou o renascimento durante esta fase. Isto veio sob a forma de uma nova administração pública. Em 1968, alguns jovens estudiosos da administração pública realizaram uma conferência em Minnow-brook sob o patrocínio do Professor Waldo. As actas foram posteriormente publicadas sob a forma de livro em 1971 intitulado: Rumo a uma Nova Administração Pública. Devido à perspectiva de Minnow-brook, deu origem à abordagem da Nova

Administração Pública denunciada, correctamente, tais conceitos tradicionais eficácia, eficiência, orçamento, tecnologia e assim por diante. Num aspecto, a Nova Administração Pública pode ser vista como um apelo à independência, tanto da ciência política como da ciência administrativa. Assim, a Administração Pública entrou na década de 1970 sem uma teoria ou conceito viável. Desde os tempos dos Wilson até este período, foram introduzidos neste campo muitos paradigmas, modelos, conceitos e abordagens concorrentes. Como resultado, nos anos 70, o mundo da teoria administrativa tornou-se tão complicado e confuso que se pode concordar com a afirmação de Ostrom de que o campo foi apanhado no meio do anonimato e do mal-estar e enfrentando uma "crise de identidade". O General Caiden faz também uma observação semelhante, pois argumenta que a crise de legitimidade que a administração pública enfrenta actualmente está directamente relacionada com a sua incapacidade de formular uma base teórica a partir da qual se definir a si própria. Ele assinala que a administração pública não foi capaz de montar uma resposta eficaz aos seus críticos que a acusam de ser parasitária, improdutiva, ineficiente, esbanjadora, competitiva, corrupta e, sobretudo, desnecessária.

A Administração Pública, naturalmente, estava em busca de uma alternativa que estava disponível sob a forma de Ciência Administrativa. Também aqui, a Administração Pública teve de perder a sua distinção, identidade e fundir-se com um grande campo. Os protagonistas deste ponto de vista sustentavam que a administração é administração independentemente do seu enquadramento e foi nesta convicção que "The Journal of Administrative Science Quarterly" foi fundado em 1956. A "A Behavioural Theory" de Cyert e March, e o "Manual" de March, foram inspirados por esta perspectiva.

Período - V (1971 em diante)

A disciplina registou grandes progressos e entrou na nova fase - 1971 em diante - com uma visão enriquecida, a incerteza e a agitação do período anterior que não se manteve. A atenção em concentrar-se cada vez mais na dinâmica da administração. A Administração Pública também se identificou com a ciência política e outras áreas. No entanto, a disciplina sobreviveu principalmente devido à espantosa reserva de conhecimentos que desenvolveu durante os últimos 127 anos.

Contribuição da Woodrow Wilson para a dicotomia Política-Administração:

Foi Woodrow Wilson que fez uma das primeiras distinções dogmáticas entre política e administração. Em apoio da sua posição, Wilson argumentou que a administração pública é uma execução detalhada e sistemática do direito público. Cada aplicação do direito geral é um acto de administração. O campo da administração é um campo de negócios. A administração sendo retirada da política não está sujeita aos caprichos e vicissitudes, mas prossegue ininterruptamente para cumprir as promessas do sistema.

Inspirado por Blunetshli e outros estudiosos alemães, Woodrow Wilson argumentou que a administração se preocupa com a execução de políticas públicas e está fora da esfera da política. As políticas devem ser formuladas por líderes eleitos e a sua execução deve ser da exclusiva responsabilidade de funcionários permanentes seleccionados pela sua perícia.

A distinção de Wilson implicava a necessidade de eficiência burocrática e a existência de princípios gerais de administração aplicáveis a todos os tipos de sistemas políticos.

No entanto, numa fase posterior, Wilson afirmou que a administração não pode funcionar independentemente. A administração deve estar relacionada com os outros ramos do governo. A sua fundação está profundamente enraizada na política. Wilson concluiu finalmente que a administração pública, por natureza, é um assunto de direito público. Assim, é evidente que Wilson estava consciente da inter-relação entre política e administração pública, tentou separá-los para fazer da administração pública um sujeito independente. Assim, parece que Wilson vacilou entre a separabilidade e a inseparabilidade da administração pública da política. Esta confusão no Wilson fez com que os estudiosos posteriores interpretassem a sua dicotomia de administração política de forma variada.

No entanto, a dicotomia da administração política foi proposta por Wilson e aceite pelos estudiosos que o seguiram imediatamente. A dicotomia tornou-se um modelo dominante no estudo da administração pública durante a primeira fase da sua história. Frank J. Goodknow, que imediatamente a seguir a Wilson, também fez uma distinção entre política e administração. Gooknow argumentou que havia duas funções distritais de governo que podem ser identificadas como política e administração. Segundo ele, a política tem a ver com políticas ou expressões da vontade do Estado, enquanto que a administração executa estas políticas.

A dicotomia político-administração que teve origem nos escritos de Wilson dominou o campo até ao fim da Segunda Guerra Mundial. A dicotomia tornou-se uma componente importante das teorias clássicas que pretendiam construir um sujeito independente da administração pública sobre linhas científicas. Também se destinava a resolver o problema do valor na administração pública. Argumentou-se que a separação ajudaria o sistema político a estabelecer valores e a obter objectivos para a administração.

Dicotomia Política-Administração: Depois de Wilson:

Goodnow levou mais longe, a dicotomia proposta por Wilson, Frank Johnson Goonow era um educador e estudioso jurídico americano, nascido em Brooklyn, Nova Iorque. Depois da escola privada, formou-se no Amherst College em 1879 e na Columbia Law School em 1882. Goodnush tornou-se professor de

Direito Administrativo em 1891, e em 1903 professor interino de Direito Administrativo e Ciência Municipal. Tornou-se o primeiro Presidente da Associação Americana de Ciência Política em 1903. O Governador Theodore Roosevelt nomeou-o membro da comissão para redigir uma nova carta para a Grande Nova Iorque e o Presidente Taft escolheu-o como membro da sua comissão sobre Economia e Eficiência. É considerado como um importante estudioso precoce na área da administração pública e do direito administrativo, bem como um perito em governo. Basicamente, Goodnow distinguiu conceptualmente "duas funções distintas de governo", que ele designa como política e administração. "A política tem a ver com políticas ou expressões da vontade do Estado", Goodnow explica "a administração tem a ver com a execução destas políticas". O cerne da sua distinção reside na clássica separação de poderes, que prescreve a conveniência de confiar a formulação de políticas a um órgão diferente" - diferente daquele que é encarregado da execução dessas políticas. Goodnow defendeu a centralidade do direito na administração pública.

  A política de trabalho e administração clássica de Goodnow: Um estudo, o governo pretende expressar a separação da autoridade governamental para além da tríade tradicional executiva, legislativa e judicial. Para a administração da Goodnow, não é homogénea nem separada da política. Sustenta que a administração inclui a "função de execução da lei", bem como as funções "semi-científica, quase-judicial, quase-empresarial ou comercial". Estas últimas funções são em grande parte administrativas e não são alheias à política. Portanto, deveriam ser dispensadas do controlo da política, pelo menos em grande medida. Quanto à "função executiva", Goodnow observa o contrário, não pode ser sujeita ao controlo da política. Isto, a preocupação conceptual de Goodnow é com o enfoque analítico, mas não com o locus da administração pública.

  A distinção analítica de Goodnow entre política e administração é uma distinção difícil. Goodnow fornece apenas uma direcção geral para isolar os fenómenos centrais dentro da administração. Esta indefinição é agravada pelo facto de Goodnow ter olhado para a administração pública a partir de uma visão cosmopolita do seu verdadeiro locus. O conceito de administração pública de Goodnow, consequentemente, exigiria que os estudantes confrontassem os especialistas legislativos, por exemplo, com uma reivindicação sobre o locus real deste último. No entanto, uma distinção analítica não corresponde a uma distinção baseada no locus concreto. Este era particularmente o caso na época de Goodnow.

  Essencialmente, Goodnow contribuiu para a diferenciação superficialmente fácil da administração pública e da ciência política. Landu observa que, na opinião de Goodnow, a política e a administração representam padrões de comportamento diferentes e cada um apresenta conjuntos diferentes de problemas. Contudo, as operações totais do governo não podem ser atribuídas

completamente a diferentes agências do governo.
A relação da política com a administração é uma relação de separação e subordinação. Goodnow argumenta que embora a política nunca possa estar completamente separada da administração, o governo popular exige que seja a autoridade de execução a estar subordinada à autoridade de expressão". Segundo Goodnow, a autoridade de execução deve ser uma autoridade de administração centralizada, contrasta com a administração descentralizada ou local e também não deve ser excessivamente controlável pela autoridade de expressão por medo de uma administração imparcial.

Dicotomia resolvida
Em 1920, os estudiosos começaram a desafiar a dicotomia da administração política. Com base nas suas experiências, académicos e profissionais da administração pública descobriram que a dicotomia era tanto descritiva como prescritivamente inadequada. Percebeu-se cada vez mais que os funcionários administrativos ajudam os políticos de várias maneiras nos processos legislativo e de elaboração de políticas.

Paul H. Apple atacou veementemente a dicotomia da administração política ao afirmar que a política e a administração estão intimamente relacionadas. Argumenta ainda que a administração pública está a fazer política. Acrescenta ainda que a administração pública, enquanto faz políticas, está sujeita a vários constrangimentos políticos como outros funcionários públicos, incluindo os legisladores. Estas pressões externas oferecem uma forte protecção ao público contra a acção arbitrária e antidemocrática dos funcionários.

F.W. Riggs rejeitou a dicotomia política-administração como um mero mito. Mas ele comentou que o mito depende de uma interpretação restrita do significado da política. Riggs salienta que nos sistemas políticos de transição a burocracia participa activamente no processo de elaboração de políticas e, em certa medida, na política partidária. Riggs classificou a política de transição como política burocrática. Ele considerou que nestas sociedades é muito difícil traçar uma linha estrita de separação entre sistema político e sistema administrativo, uma vez que existe uma interacção estreita entre estas duas esferas de actividade.

Luther Gulick questionou a sabedoria de separar a administração da forma política. Ele sustenta que a política é uma acção que tem de ser feita sob o controlo dos governantes. Como tal, não pode ser retirada da administração nem da administração da política. Argumenta que a dicotomia entre política e administração foi quebrada e, por conseguinte, deveria ser desenvolvida uma nova doutrina que permitisse a utilização mais completa possível do perito num quadro apropriado de responsabilidade política e profissional. Gullick explicou os papéis dos políticos e dos administradores. Na sua opinião, o papel dos políticos é manter o equilíbrio no sistema global, ajustando as relações entre peritos, administradores e grupos de interesse. O papel do administrador é compreender e coordenar as políticas públicas e interpretar as orientações políticas para as agências operacionais, mas com lealdade inquestionável para com os funcionários eleitos. Isto, os administradores estão subordinados aos executivos políticos uma vez que não tomam decisões finais sobre políticas, não defendem políticas e não criticam abertamente a posição política do governo.

Simon rejeita a dicotomia de administração de políticas por razões tanto descritivas como normativas. Em termos descritivos, Simon argumenta que as funções políticas e administrativas são desempenhadas tanto por funcionários políticos como administrativos. Uma vez que os políticos estão frequentemente envolvidos na selecção dos meios, os administradores estão envolvidos tanto na elaboração de políticas como nas operações de execução de políticas. Simon também rejeita a dicotomia por motivos normativos. Em vez da dicotomia política-administrativa, Simon propõe a dicotomia do valor factual, que defende e fornece uma melhor base para uma ciência da administração e um padrão mais apropriado para a conduta administrativa.

Waldo argumenta que a dicotomia política-administrativa é inadequada, quer como descrição da realidade, quer como receita para o comportamento administrativo. A dicotomia, segundo Waldo, destinava-se a resolver o conflito entre a burocracia e os políticos, tornando os funcionários eleitos responsáveis pela elaboração de políticas e restringindo os administradores à execução de políticas. Na opinião de Waldo, em vez de tentar separar política e administração, deveríamos desenvolver uma filosofia que encoraje a co-operação entre os funcionários administrativos e políticos. Jack Rabin e James S.Bowman argumentam que, embora a política e a administração possam ser separadas para efeitos de análise científica e reforma política, são inseparáveis no seu funcionamento. A relação política-administração foi menos uma dicotomia do que uma continuação da administração de rotina para a política pura. Riper rejeita totalmente o ponto de vista de que Wilson é responsável pela origem da dicotomia política-administração. Ele conclui que embora Wilson não pretendesse apresentar qualquer forma de dicotomia, o seu ensaio é simplesmente tão contraditório e confuso que exclui qualquer interpretação precisa sobre o que realmente quis dizer. Ele concorda com o homem imóvel que Wilson vacilou entre os dois pólos de pensamento no que diz respeito à separabilidade da administração da política.

Conclusão:
    Woodrow Wilson's "O estudo da administração" foi considerado um novo começo no pensamento sobre administração. Apesar de Wilson não ter

considerado o seu ensaio muito positivo, admitiu que estava apenas a apresentar uma introdução semi-popular aos estudos administrativos e que o estudo é crítico, considerando-o de vários pontos de vista externos, em vez de entrar nele e tratar dos seus próprios tópicos. Como jovem professor de governo Wilson não apresentou uma definição científica de administração como um desafio aos grandes males da época, aos despojos na política e ao patrocínio.

No entanto, Wilson colocou inquestionavelmente uma tese inequívoca no seu artigo que teve um impacto duradouro, ou seja, que a administração pública valia a pena estudar. O artigo marca o nascimento da administração pública como um inquérito autoconsciente ou um 'curso genérico'.

Livros de referência:
1. Ralph Clark Chandler (eds), A centennial History of the American Administrative Sate,The free Press, Nova Iorque, 1988.
2. Jack Robin e James S. Bowman (eds), Woodrow Wilson e Administração Pública Americana, Marcel Dekker, NewYork, 1984.
3. Woodrow Wilson, "The study of Administration", Political Science Quarterly Vol.50, Dezembro, 1941.
4. Robert T. Golambiewski, Public Administration as a Developing Descriptive Part I, Marcel,Dekker, NewYork, 1977.
5. Mohit Bhattacharya, Administração Pública, Imprensa Mundial, Nova Deli, 1987.
6. Dr. Prasad Outros (eds), Administrative Thinkers, Sterling Publishers, Nova Deli, 1989.
7. Maheswari, Shriram, Administrative Thinkers, Macmillan India Limited, Nova Deli, 1998.Fadiman, B.L. e Fadia, Kuldeep, Administração Pública, Sahitya Bhavan Publications, Agra, 2009.
8. Arora, Ramesh Kand Sogani, Meena Themes and Issues in Administrative Theory, Arihant Publishers, Jaipur, 1991

CAPÍTULO 3
FUNCIONALISMO: HENRY FAYOL

Introdução:

Henry Fayol foi um importante pensador da disciplina da Administração Pública. Era um engenheiro de profissão. Trabalhou numa empresa mineira na qualidade de Director-Geral até à sua reforma em 1918. Fayol contribuiu significativamente para o corpus de conceitos de gestão e foi considerado o pai da "Management Process School". Sob a sua liderança, a empresa moribunda recuperou rapidamente e tornou-se uma organização próspera e financeiramente estável.

Henry Fayol, é bem conhecido pelos princípios gerais de gestão por ele formulados no início do século 20th. Henry Fayol nasceu em 1841 em França. Licenciou-se em engenharia de minas e foi nomeado engenheiro numa empresa mineira em 1860. Ascendeu ao cargo de director-geral da empresa em 1888. O seu livro mais famoso foi 'General and Industrial Management', publicado pela primeira vez em França em 1915, mas só veio a lume nos países de língua inglesa quando a sua versão inglesa foi publicada em 1929.

Como engenheiro profissional, Fayol tentou aplicar princípios científicos à Indústria. Como Chefe do Executivo, Fayal viu a organização do topo, Fayol quis construir a organização desde o nível de capataz até aos trabalhadores na sua máquina. Por outras palavras, enquanto Taylor aplicava o método científico à gama mais baixa da hierarquia e depois trabalhava para cima, Fayol trabalhava de cima para baixo. Fayol, acreditava que o sucesso de um gerente não depende das suas qualidades pessoais, mas dos métodos que implementava nos empregados e dos princípios que regem o seu comportamento. Esta crença levou-o a construir uma nova teoria de administração que lhe valeu a reputação de pai da gestão moderna.

As ideias de Fayol:

Uma tendência generalizada nos países de língua inglesa foi a de fazer uma distinção entre a gestão como uma actividade confinada à condução de empreendimentos industriais, e a Administração Pública como a arte de conduzir actividades governamentais, Segundo Fayol, tal distinção entre gestão e Administração Pública é falsa e enganadora.

Fayol forneceu uma abordagem geral à administração. Concentrou-se em certos elementos importantes da administração. São eles

(a) Previsão e planeamento [b] organização c] comando [d] coordenador e [e] controlo. Fayol afirma que, a administração não é privilégio exclusivo dos que estão no topo. Fayol considerou a administração como apenas um dos seis grupos de actividades que incluem:

(a) Actividades técnicas - incluindo produção, fabrico e adaptação
(b) Actividades comerciais - compra, venda e troca
(c) Actividades financeiras - disponibilização de capital e utilização óptima do capital
(d) Actividades de segurança - protecção de bens e pessoas
(e) Serviços de contabilidade - inventário - levantamento, balanço - balanço, cálculo de custos, estatísticas e (a) Actividades de gestão - planeamento, organização, comando, coordenação e controlo. Um exame atento desta classificação destas actividades revela que existe alguma sobreposição nestas actividades. De acordo com Fayol, observou que para cada grupo de actividades são necessárias certas capacidades básicas para a sua realização. Estas são: Qualidades físicas [b] Qualidades mentais [c] Qualidades morais [d] Educação geral [e] Conhecimentos especiais da tarefa atribuída, e (f) experiência.

O Fayol concentrou-se no princípio da organização mais do que em quaisquer outros princípios. Na sua opinião, a organização é criada para a realização de todos os tipos de actividades. Fornece matérias primas, pessoal de capital e todas as outras coisas necessárias. Fayol identifica catorze deveres ou funções que uma organização desempenha. As importantes entre elas incluem; planeamento, orientação, coordenação, tomada de decisões, especificação de funções, manutenção da disciplina, controlo e assim por diante.

Fayol enfatizou a importância de linhas claras de autoridade. Na sua opinião, o objectivo do comando é activar e orientar a organização na realização dos seus objectivos. O gestor que dá ordens aos subordinados deve possuir um comportamento exemplar e ver que a ordem e a disciplina prevaleçam na organização.

Princípios Gerais de Gestão:
A análise de Fayol fornece um meio de visualização do processo de gestão e guias (os princípios] para a implementação do processo. De acordo com, catorze princípios de gestão foram fornecidos como directrizes para o pensamento dos gestores, a fim de resolver problemas concretos. A Fayol desenvolveu um conjunto de princípios que podem ser aplicados a todos os tipos de organizações, independentemente da sua configuração. No entanto, Fayol admitiu que todos estes princípios podem não ter aplicação universal ou teriam carácter permanente. Fayol alinhou estes princípios da seguinte forma:

Divisão do trabalho
A divisão do trabalho leva a uma especialização que aumenta a eficiência dos empregados individuais. De acordo com Fayol, é desenvolver o

pessoal capaz de realizar as seis actividades já descritas. Para tal, necessitam de competências e conhecimentos especializados. A subdivisão torna cada tarefa mais simples e resulta numa maior eficiência. Ao repetir uma pequena parte do trabalho, o indivíduo adquire rapidez e precisão no seu desempenho.

Este processo é aplicável tanto ao trabalho técnico como ao de gestão. Fayol salientou o facto de que cada organização, grande ou pequena, deve colocar os seus empregados de acordo com os talentos e experiência de cada indivíduo.

Autoridade e Responsabilidade:

Autoridade refere-se ao direito de um superior de dar ordens aos subordinados, tomar decisões sobre assuntos específicos, utilizar recursos da organização, orientar e regular o comportamento dos subordinados. Fayol definiu autoridade como "o direito de dar ordens e o poder de extrair obediência". Fayol distinguiu entre dois tipos de autoridade: Autoridade oficial e Autoridade pessoal. A autoridade oficial é dada legalmente a uma pessoa, enquanto a autoridade pessoal é adquirida através da capacidade, conhecimento, experiência e intelecto de cada um. Na opinião de Fayol, a autoridade deve ser proporcional à responsabilidade, por conseguinte, devem ser tomadas medidas para induzir as pessoas a aceitar a responsabilidade. Isto pode ser tornado possível confiando responsabilidades a todas as pessoas que exercem autoridade a vários níveis numa organização.

Disciplina:

Disciplina no contexto da gestão significa obediência, conduta adequada nas relações com os outros, e cumprimento das regras e regulamentos da organização. Fayol observou que a disciplina é um pré-requisito para o exercício adequado da autoridade. De acordo com Fayol, a disciplina tem duas dimensões. Em primeiro lugar, obedecer às ordens apenas quando a direcção proporciona uma boa liderança. Em segundo lugar, a disciplina tornar-se-ia unilateral se fosse imposta à forma subordinada acima referida.

Unite of Command:

Este princípio estabelece que um subordinado deve receber ordens e ser responsável apenas perante o superior. Nenhum empregado deve, portanto, receber instruções de mais do que uma pessoa.

O princípio de unidade de comando de Fayol contradiz o princípio de autoridade funcional de Taylor. Fayol não favoreceu um sistema de comando duplo que, na sua opinião, era susceptível de resultar em confusão nos canais de autoridade e ambiguidade no padrão de responsabilidade.

Unidade de Direcção:

A unidade de direcção é outro princípio importante da administração proposto por Fayol. De acordo com este princípio, os esforços de todos os membros da organização devem ser dirigidos para objectivos comuns. Fayol salientou que deveria haver um único superior e um plano de acção uniforme para um grupo de actividades com os mesmos objectivos, tendo observado que, uma organização com duas cabeças não pode sobreviver por muito tempo. Assim, o princípio da unidade de direcção enfatiza a importância de objectivos comuns serem perseguidos por todos numa actividade de grupo sob a direcção de uma cabeça. O princípio da unidade de comando refere-se à necessidade de cada subordinado ser responsável perante um e apenas um superior.

Cadeia Escalar ou Hierarquia:
A Cadeia Escalar refere-se às linhas de autoridade de superior a subordinado. Estabelece canais de autoridade ou a finalidade da comunicação e da tomada de decisões. Fayol favoreceu uma cadeia de superiores, que deve ser escrupulosamente seguida, excepto nos casos em que se torne prejudicial para os interesses da organização. Fayol também estava ciente dos defeitos no sistema de comunicação existentes na organização governamental, que levam a um enorme atraso no processo de tomada de decisão. Fayol sugere um método para evitar isto. Sugere que um funcionário que trabalhe num departamento seja autorizado a corresponder-se directamente com um funcionário do mesmo quadro noutro departamento sem subir e descer na Cadeia Escalar com a permissão dos seus superiores.

Subordinação de Interesse Individual ao Interesse Geral:
De acordo com Fayol, a direcção deve assegurar que os objectivos da organização dominam os interesses do indivíduo. O indivíduo, embora um trabalhador deva submergir os seus próprios objectivos. Os objectivos dos diferentes grupos, departamentos e secções devem ser subordinados aos objectivos organizacionais maiores. Isto resultaria na promoção do bem comum. **Remuneração do pessoal:**
Na conceptualização da Fayol enfatiza que, as políticas salariais numa organização devem ser racionais e proporcionar a máxima satisfação ao empregador, bem como aos empregados. Este princípio é essencial em coerência com um dos pressupostos básicos da gestão científica da Taylor, que motiva os empregados, depende principalmente dos incentivos monetários fornecidos pela direcção.

Centralização ou Descentralização:
Diz-se que a centralização existe, se, a gestão de topo, mantiver a maior parte da autoridade decisória. Fayol observa que o grau de centralização ou descentralização de uma organização depende do estado de desenvolvimento da organização e das capacidades e qualidades dos empregados que nela

trabalham. Na opinião da Fayol, a centralização não pode ser afectada indiscriminadamente. Foi a consequência de uma ordem natural de coisas envolvendo inteligência e sabedoria. Fayol diz que, uma organização deve esforçar-se por alcançar um equilíbrio entre a centralização completa e a descentralização. Em pequenas organizações, onde a gama de actividades é geralmente menor, é possível uma maior centralização. Mas na grande organização não depende do tamanho da organização, mas de factores como a experiência da superioridade e a fiabilidade e capacidade dos subordinados.

Equidade:
O princípio da equidade sugere que, "é assegurado um tratamento semelhante a pessoas em posições semelhantes". Fayol enfatizou a importância do factor humano na organização. Em certa medida, esta preocupação reflecte-se também na sua ênfase na promoção do princípio da equidade na organização, que, segundo ele, envolve valores humanos tais como a bondade e a justiça. Era dever da direcção assegurar que a justiça e a gentileza fossem aplicadas a todos os funcionários de uma organização.

Estabilidade da posse de pessoal:
Fayol enfatizou a necessidade de um quadro de gestão eficiente e estável nas organizações. O património da Fayol, que é essencial devido ao tempo e despesas envolvidos na formação de bom pessoal de gestão. O período de serviço numa posição deve ser fixado. Muitas vezes é preciso tempo para se habituar ao trabalho. Além disso, Fayol observa que, a instabilidade da posse provoca a diminuição da moral do funcionário. Perda de experiência e perícia e promove a descontinuidade nas políticas organizacionais.

Ordem:
O princípio diz respeito à disposição das coisas e à colocação das pessoas. O arranjo das coisas chama-se ordem material, enquanto que o arranjo das pessoas é referido como ordem social. No esquema conceptual de Fayol, o princípio da ordem gira em torno da sua ideia de que existe um lugar para tudo e tudo tem o seu lugar na organização. Ele explicou que boas encomendas reduzem o desperdício de tempo e de recursos materiais, embora a ordem social necessite de um equilíbrio cuidadoso entre as necessidades e os recursos. A ordem social implica que a peça, o trabalho seja atribuído a cada indivíduo e que esteja disponível no local de trabalho específico.

Iniciativa:
Os trabalhadores a todos os níveis devem poder tomar a iniciativa em assuntos relacionados com o trabalho. Iniciativa significa a ânsia de iniciar uma acção, sem que isso seja solicitado. Fayol salientou que a iniciativa deve ser encorajada pela direcção a todos os níveis. O processo de percolação deste

espírito até aos níveis mais baixos, requer o sacrifício da "vaidade pessoal" por parte dos gestores. Fayol também defendeu que os gestores devem estar preparados para partilhar alguns dos seus poderes de decisão com os seus subordinados, porque a iniciativa assim gerada tornar-se-ia uma fonte de força para a organização.

Esprit de Corps:

Refere-se ao espírito de equipa, que é harmonia no grupo de trabalho e compreensão mútua entre os trabalhadores. Fayol descreveu o Esprit de Corps como a prevalência da harmonia entre todos os membros da organização. A direcção deve fomentar o moral dos seus funcionários coordenando as suas nacionalidades, encorajando uma cooperação interpessoal intensa, e recompensar cada funcionário pelo seu mérito sem qualquer discriminação. Fayol sugeriu mesmo que as empresas concorrentes desenvolvessem relações amigáveis e resolvessem disputas através de acordos conjuntos.

Fayol observou que, a administração oferece a melhor abordagem para compreender as organizações. Salientou que os organogramas são úteis para exibir as relações organizacionais formais. Exigiu que o pessoal deveria ajudar os gestores de linha em organizações complexas. Sublinhou a importância da selecção e formação racional dos trabalhadores e também o valor da educação profissional para os empregados.

Comparação entre Fayal e Taylor:

É um facto que a filosofia de gestão de Fayol se assemelha à de Taylor em vários aspectos. É frequentemente observado que, as ideias de ambos estes pensadores são complementares entre si. Taylor concentrou a sua atenção nos níveis de capataz e trabalhador, enquanto Fayol concentrou a sua atenção no nível superior. A gestão científica de Taylor gira em torno de certas nações como estudos do tempo e do movimento, análise do trabalho, enquanto Fayol enfatizava certos elementos da administração tais como planeamento, organização, coordenação, controlo e assim por diante. No entanto, tanto Taylor como Fayol são considerados como os pioneiros da gestão científica. São profissionais e não académicos. Consequentemente, construíram as suas teorias com base na sua experiência prática e não em realizações intelectuais. Vieram de origens contrastantes que moldam as suas ideias. As experiências de Taylor são as condições em mudança da sociedade capitalista americana. Assim, ele formulou certos princípios científicos de gestão com o objectivo de os aplicar ao processo de produção na indústria. As condições estáveis europeias em que Fayol viveu levaram-no a basear a sua teoria de gestão num padrão estável de organização industrial.

Críticas:
Tem havido muitas críticas contra as diferentes ideias de Fayol. Foi criticado que, os princípios de administração delineados por Fayol não são princípios enquanto tal. A natureza variegada dos princípios de administração de Fayol foi também apontada pelos críticos. De acordo com eles, alguns destes princípios são descritivos, enquanto outros são prescritivos. Os estruturalistas atacaram Fayol com base no facto de ele ter ignorado completamente a estrutura de uma organização e, por conseguinte, esta ser, até certo ponto, defeituosa. Peter Drucker apontou que se trata de uma abordagem mecanicista ao estudo das organizações. Os académicos pertencentes à escola sócio-psicológica alegaram que, Fayol tinha ignorado totalmente os aspectos psicológicos dos seres humanos. A teoria de Fayol foi também atacada pelos críticos da abordagem clássica pelos seus juízos de volume que não são empiricamente válidos.

Apesar de várias fraquezas e deficiências, a filosofia e as ideias de Henry Fayol relacionadas com a administração são únicas em vários aspectos. As ideias de Fayol resistiram ao teste do tempo notavelmente bem e são mais consistentes com a teoria geral da burocracia. Em qualquer caso, Fayol esforçou-se por racionalizar e pensamento administrativo científico.

Conclusão:
A contribuição de Henry Fayol para o desenvolvimento da teoria da gestão tem sido enorme e resistiu ao teste do tempo. É também apropriada e relevante na era moderna da gestão. O seu pensamento tem sido popularizado como Fayolismo e é uma das primeiras declarações abrangentes de uma teoria geral de gestão, desenvolvida. Heis é descrito como o pai da escola do processo de gestão. As suas ideias tornaram-se partes universais dos conceitos modernos de gestão. As teorias de Fayol são tão rígidas e inflexíveis, que praticam e teorias como estas que mostram flexibilidade nas suas teorias de gestão.

Livros de referência:
1. Ralph Clark Chandler (edsj, A centennial History of the American AdministrativeSate, The free Press, Nova Iorque, 1988.
2. Jack Robin e James S. Bowman (edsj, Woodrow Wilson e American PublicAdministration, Marcel Dekker, Nova Iorque, 1984.
3. Woodrow Wilson, "The study of Administration", Political Science QuarterlyVol.50, Dezembro, 1941.
4. Robert T. Golambiewski, Public Administration as a Developing Disciptive Part I,Marcel, Dekker, New York, 1977.
5. Mohit Bhattacharya, Administração Pública, World Press, Nova Deli, 1987.

6. D.R. Prasad Outros (edsj, Administrative Thinkers, Sterling Publishers, NewDelhi, 1989.
7. Maheswari, Shriram, Administrative Thinkers, Macmillan India Limited, NewDelhi, 1998.
8. Fadia, B.L. e Fadia, Kuldeep, Administração Pública, Sahitya BhavanPublications, Agra, 2009.
9. Arora, Ramesh Kand Sogani, Meena Themes and Issues in Administrative Theory, Arihant Publishers, Jaipur, 1991
10. Sharma, M.P., e Sadana, B.L., Public Administration in Theory and practice,Kitab Mahal, NewDelhi, 2010.
11. PublicAdministration, Concepts, Theories and Principles, Telugu Akademi,Hyderabad, 2011.
12. . D.R. Prasad Outros (edsj, Administrative Thinkers, Sterling Publishers, NewDelhi, 1989).

CAPÍTULO 4

TEORIA DA GESTÃO CIENTÍFICA - F.W. TAYLOR

Introdução:

Durante a última metade do século XIX, quando a revolução industrial tinha atingido uma fase de maturidade, a rápida expansão dos negócios e da indústria estava a dar origem a novos problemas de planeamento e gestão industrial. As condições de trabalho nas fábricas eram caóticas. Os métodos, ferramentas e procedimentos de trabalho não eram padronizados nem planeados para serem eficientes. A escolha dos métodos de trabalho era deixada principalmente aos próprios trabalhadores, resultando num considerável planeamento ad-hoc e ineficiência. Havia uma necessidade de aumentar a produtividade, o que exigia, a longo prazo, uma abordagem mais racional e integrada da classe gerencial que era chamada a enfrentar novos problemas não experimentados anteriormente. A fim de satisfazer esta necessidade e encontrar formas de aumentar a produtividade industrial, muitas experiências foram conduzidas e receitas foram desenvolvidas por pensadores de gestão. A teoria da gestão científica foi desenvolvida mais ou menos ao mesmo tempo quando surgiram a burocracia e a teoria administrativa. Tanto a teoria da gestão científica como a teoria administrativa são aspectos relacionados dos mesmos fenómenos. A administração pública, enraizada na ciência política, tinha procurado colocar as relações políticas numa base objectiva ou científica, enquanto a gestão científica é um esforço consciente de um movimento para colocar a vida económica do homem sobre uma base científica.

F.W.Taylor Vida e Trabalho:

Fredric Winslow Taylor nasceu em 1856 na Alemanha. Recebeu a sua educação em França e na Alemanha. Em 1878, foi trabalhar na Midvale Steel Company como operário, mais tarde tornou-se Engenheiro Chefe em 1884, depois de receber um diploma de Engenharia Mecânica do Stevens Institute of Technology de Hoboken, Nova Jersey, EUA. Mais tarde, durante três anos, trabalhou como General Manger na Companhia de Investimento de Fabrico em Filadélfia. Foi também associado à Bethlehem Steel Company durante três anos.

O termo "gestão científica" foi cunhado por Louis D. Brandies em 1910. Mas foi Taylor que contribuiu amplamente no campo da Gestão Científica. A contribuição de Taylor para o desenvolvimento da gestão científica foi registada nos seus trabalhos, ou seja, A Piece-Rate System [1895], Shop Management [1923], The Art of cutting metals [1906], e os princípios da

Gestão Científica (1911). Um Sistema por Unidades considera a contribuição pendente para os princípios do pagamento de salários. Na sua gestão de loja, discutiu longamente sobre a organização e gestão de oficinas. Taylor também reconheceu a necessidade de um método científico de selecção do homem certo para os empregos certos, considerando as suas qualificações iniciais e o seu potencial para aprendizagem futura.

Gestão científica antes de Taylor:
A última parte do século 19th assistiu ao início do movimento de gestão científica como consequência da afirmação de uma nova era industrial nos Estados Unidos. medida que os negócios continuavam a crescer em tamanho e número de múltiplos problemas que não eram enfrentados anteriormente nos campos dos negócios e da indústria. Na sua busca de soluções para estes problemas complexos, os gestores de poucas indústrias de licitação nos EUA, começaram a fazer exercício académico sob a forma de publicação de livros e escrita de artigos em Revistas. Assim, a gestão tornou-se mais orientada para o processo do que para a empresa, como era no passado. Foi durante este tempo que a gestão começou a mudar de operações rotineiras e mecânicas para uma abordagem científica que incluía tudo. Profissionais de gestão como Towne e Metcalfe começaram a desenvolver e a aplicar um sistema unificado de gestão em vez de adoptarem métodos casuais. Estabeleceram o clima para a aplicação de técnicas e métodos científicos na gestão industrial e empresarial. Finalmente, a gestão como um campo separado tinha finalmente surgido. Foi nesta generativa da ciência da gestão que F.W. Taylor emergiu.

A Teoria Essencial de Gestão Científica:
Há dois significados de gestão científica na literatura. Em primeiro lugar, a gestão científica é que é apenas um conjunto de mecanismos ou técnicas para melhorar a eficiência organizacional. Em segundo lugar, gestão científica significa a aplicação de métodos científicos de estudo, análise e resolução dos problemas de gestão. Grande parte do movimento de gestão científica qualificou-se como científico neste sentido. Embora, a gestão científica tenha produzido uma pletora de novas e valiosas técnicas de gestão.

A gestão científica defende um estudo indutivo, empírico e detalhado de cada trabalho para determinar como este poderia ser feito da forma mais eficiente. As prescrições de gestão científica são derivadas de estudos específicos em cada caso. A gestão científica concentra a sua análise na actividade física do trabalho. Assim, trata-se de uma micro teoria. A gestão científica trata principalmente da relação de um trabalhador com o seu trabalho.

A gestão científica pode ser considerada como uma teoria da base para o topo porque se dá ênfase às relações homem-máquina com o objectivo de melhorar o desempenho de tarefas de produção rotineiras e repetitivas.

A gestão científica baseou-se na prosperidade máxima dos empregados.

Pressupostos da Gestão Científica:
Basicamente, a gestão científica tem três pressupostos. Em primeiro lugar, a aplicação do método científico de análise a problemas organizacionais. Defende que a gestão científica desenvolve soluções superiores às de outras abordagens. A sua validade depende da validade da metodologia científica. O segundo pressuposto diz respeito à relação do trabalhador com o seu trabalho. A gestão científica concentra-se no trabalho em si e não nos trabalhadores que o realizam. O bom trabalhador é visto como aquele que aceita as ordens dos seus superiores e deve saber fazer o seu trabalho de acordo com a análise científica. A direcção científica rejeita a integração e coordenação de níveis superiores da organização. Em terceiro lugar, a gestão científica assume a racionalidade no sentido clássico. A organização é considerada como um instrumento racional de produção. Cada trabalhador é "homem económico" interessado em maximizar o seu menor rendimento. A gestão científica não coloca qualquer ênfase na acção emocional, social, motivacional e reactiva dos trabalhadores.

A contribuição de F.W. Taylor para a gestão científica:
F.W. Taylor foi amplamente reconhecido como o fundador e pai do movimento de gestão científica. Ele lançou as bases para o movimento nos EUA, na altura em que o clima nas indústrias era pouco favorável ao crescimento da objectividade científica nos aspectos humanos da produção. Taylor iniciou o movimento com a sua investigação, as variáveis envolvidas são o corte mental e o sistema de taxas por peça. Em geral, Taylor acreditava que a minimização da eficiência na organização poderia ser alcançada através da divisão do trabalho numa série de métodos e operações simples. Taylor também acreditava que o trabalhador médio não é capaz de ser auto-motivado. Taylor começou que o trabalhador está interessado em fazer apenas o que é minimamente exigido pela direcção. Assim, Taylor argumentou que, além de redesenhar e simplificar as tarefas, o aumento da produtividade poderia ser activado por um sistema de incentivos ao trabalho árduo. Taylor propôs a introdução de um sistema de bónus para recompensar os trabalhadores que excedessem o trabalho mínimo que se esperava deles. A este respeito, a contribuição mais específica de Taylor foi a sua medição do dia de trabalho e a introdução da maioria em estudos e muitos métodos complexos de determinação de salários.

Objectivos da Gestão Científica:
A gestão científica, tem objectivos claros Taylor enunciou os objectivos da gestão científica da seguinte forma:
1. Estudar as tendências industriais e as tendências do mercado a fim de regularizar as operações para conservar o investimento, sustentar a empresa como agência empregadora e assegurar o funcionamento e emprego contínuos.
2. Ganhar através de técnicas de gestão e processamento de resíduos, um rendimento maior que será partilhado pelos trabalhadores e gestores.
3. Para assegurar ao empregado, não só um emprego contínuo através de uma análise correcta das tendências do mercado, mas também para lhe garantir um rendimento contínuo durante o seu trabalho.
4. Assegurar um lar e uma vida social mais felizes, aos trabalhadores através da eliminação de factores desagradáveis e preocupantes da situação de trabalho e também através do aumento dos seus rendimentos.
5. Assegurar um nível de vida mais elevado como resultado do aumento do rendimento dos trabalhadores.
6. Assegurar uma oportunidade para os trabalhadores melhorarem a sua capacidade através dos métodos científicos de análise do trabalho e também através da selecção, formação, afectação, transferência e promoção dos trabalhadores.
7. Para assegurar condições de trabalho saudáveis, bem como condições de trabalho individual e socialmente decentes.
8. Desenvolver as qualidades de auto-expressão e auto-realização entre os trabalhadores através da realização de pesquisas e avaliações simuladas, através da compreensão de planos e métodos, e através da liberdade de desenvolver contactos proporcionada pela organização.
9. Assegurar através de formação e instrução de capatazes a oportunidade de os trabalhadores desenvolverem novas e mais elevadas capacidades e aptidões para a promoção a cargos superiores.
10. Ajudar os trabalhadores a desenvolver auto-confiança e auto-respeito, proporcionando-lhes uma oportunidade para compreenderem o seu trabalho.
11. Promover a igualdade de justiça através da eliminação da discriminação nas taxas salariais, etc.
12. Desenvolver qualidades características através da correcta condução do trabalho.
Para construir o espírito de trabalho de equipa entre os trabalhadores.
13. O tempo padrão prescrito para cada operação pode ser utilizado como tarefa a realizar por cada trabalhador. Cada unidade de produto pode ser produzida a um padrão designado de eficiência e a um custo padrão.

Os Princípios de Gestão Científica da Taylor:

A direcção científica sublinhou a racionalidade, previsibilidade, especialização e competência técnica. O seu foco foi a concepção e funcionamento dos processos de produção a nível de 'loja' da organização. Taylor's identifica o problema social básico da sua época como um problema de ineficiência. O seu objectivo é aumentar a eficiência, eliminando a diferença entre o que é feito por um trabalhador "de primeira classe" e um trabalhador comum através de salários elevados e baixos custos laborais.

Taylor argumenta que os estilos tradicionais de gestão, que empregam métodos coercivos de supervisão e um sistema de incentivos que desencorajam a eficiência, baixando os salários e aumentando a produtividade, combinam-se para um soldado sistemático mais rápido. Taylor argumenta que foi colocada demasiada responsabilidade no trabalhador, mas muito pouca na gestão. Sob este sistema de gestão, um trabalhador foi simplesmente contratado e atribuído tarefas específicas com pouca formação ou orientação por parte da direcção. O resultado é a ineficiência, não era provável que os trabalhadores soubessem a melhor forma de executar as tarefas que lhes tinham sido atribuídas. Para remover estas deficiências, Taylor propõe uma abordagem de gestão que incorpora uma divisão de responsabilidades radicalmente alterada entre a direcção e os trabalhadores.

Taylor argumenta que existem dois tipos de trabalhadores; trabalhadores de primeira classe e trabalhadores de segunda classe. Os trabalhadores de primeira classe são capazes e dispostos a fazer uma tarefa eficienteTaylor sustenta que cada homem é um trabalhador de primeira classe em algum tipo de trabalho. Um trabalhador de segunda classe, é fisicamente capaz de executar uma tarefa, mas não o fará por causa da sua preguiça. Taylor não gostava de um trabalhador de segunda classe. A direcção tem a responsabilidade de identificar e desenvolver trabalhadores de primeira classe e colocá-los em posições adequadas, fornecer-lhes boas condições de trabalho e implementos adequados, e dar-lhes instruções detalhadas sobre os melhores métodos de execução das suas tarefas.

Taylor acreditava na utilização dos conhecimentos dos trabalhadores no desempenho das suas tarefas, ele percebeu que eles não eram capazes de desenvolver uma ciência de gestão. A gestão deveria tornar-se eficiente antes de esperar eficiência por parte dos trabalhadores. Taylor sugere que a autoridade tem de ser exercida através de leis científicas, e não como expressão de uma regra arbitrária. Taylor argumentou que a gestão científica deve ser implementada através da aplicação de métodos padrão, adopção dos melhores implementos e realização da cooperação entre a direcção e os trabalhadores. Taylor resume nesta declaração sobre os princípios da gestão científica.

Estes princípios são;

O Desenvolvimento de uma Verdadeira Ciência das Obras:
Isto necessita de uma investigação científica de uma grande tarefa diária a ser feita através da recolha do conhecimento tradicional dos trabalhadores, que é o seu capital fixo vitalício e um bem mais valioso. Os resultados das investigações têm de ser classificados em tabelas e reduzidos a regras e leis para se descobrir o ideal
métodos de trabalho ou o que se chama "uma melhor maneira de fazer trabalho

Selecção Científica de Trabalhador:
Para assegurar o desempenho eficaz do trabalho cientificamente desenvolvido, é igualmente necessário seleccionar o trabalhador com qualidades físicas e intelectuais cientificamente desenvolvidas.

Formação para o trabalhador:
Taylor insistiu que todos os trabalhadores devem ser sistemática e completamente treinados. Ele sentiu que é da responsabilidade da direcção desenvolver o trabalhador, oferecendo-lhe oportunidades de progressão para fazer o trabalho ao máximo para a realização das suas capacidades naturais.

Foremanship funcional:
Taylor defendeu assim a divisão do trabalho entre gerente e trabalhador, favoreceu uma separação completa entre a função de planeamento e a função de fazer. Ele propôs a utilização de peritos especializados conhecidos como "capatazes funcionais", cada um dos quais seria responsável por alguns aspectos específicos da tarefa do trabalhador, tais como encontrar a melhor velocidade da máquina, decidir sobre as prioridades do trabalho ou inspeccionar o trabalho. O trabalhador deveria receber ordens de cada um destes capatazes, dependendo se o assunto em questão planear a velocidade da máquina ou inspeccionar.

A ciência da gestão científica substituiria a regra do polegar, a harmonia substituiria o atrito, o trabalho de equipa substituiria os esforços individuais, a produção máxima substituiria a produção mínima e cada trabalhador seria desenvolvido à sua eficiência e prosperidade. Taylor dedicou a sua vida a desenvolver uma ciência de gestão. Taylor descobriu uma série de inovações relativas à maquinaria de produção, ao ambiente organizacional e às pessoas que utilizavam a maquinaria de produção, o ambiente organizacional e as pessoas que utilizavam a maquinaria. A fim de implementar com sucesso a filosofia dos princípios acima enunciados no funcionamento real de uma organização, Taylor defendeu as seguintes técnicas:

Estudo do Tempo e do Movimento:
  Taylor acredita que a causa básica da ineficiência é a ignorância por parte da gestão quanto ao tempo adequado necessário para executar uma tarefa e o soldado sistemático por parte dos trabalhadores. De acordo com a gestão científica é estabelecer normas apropriadas para a execução de tarefas. Estes padrões devem basear-se na análise científica das tarefas executadas utilizando os melhores métodos e não através da observação do desempenho real no local de trabalho.
  O principal instrumento de análise nestas investigações é o estudo do tempo e do movimento. O procedimento geral utilizado nos estudos do tempo e do movimento é decompor as actividades físicas em vários componentes, especificar a melhor rotina para o desempenho de cada componente, e finalmente descobrir o método mais eficiente para recombinar estas partes na tarefa mais complexa. Especialmente os estudos do tempo e do movimento envolvem as seguintes etapas;

A. O trabalhador é fornecido com os melhores utensílios e é colocado de forma apropriada.

B. A tarefa é dividida em diferentes unidades e a tarefa é analisada.

C. Um trabalhador qualificado enquanto desempenha a sua tarefa com a ajuda de um cronómetro. O objectivo é descobrir o método mais rápido e melhor para fazer cada elemento elementar. Tal investigação deve ser orientada por uma série de "princípios" de actividade física.

D. O método adequado de execução da tarefa é descrito, é determinado o tempo necessário para executar a tarefa.

E. Os movimentos elementares da tarefa são agrupados numa sequência apropriada para maximizar o desempenho global eficiente da tarefa.

F. É feita uma provisão para atrasos inevitáveis. Taylor afirma que 20 a 27 por cento deve ser adicionado ao tempo de trabalho real para permitir atrasos inevitáveis.

G. Deve ser feito um subsídio para descanso e os intervalos de descanso são exigidos por cada trabalhador para recuperar da fadiga física e também deve ser feito um subsídio para o tempo que o novo trabalhador leva para aprender o trabalho.

  O principal elemento envolvido nos estudos de tempo e movimento é assim a especificação da natureza de uma tarefa, o tempo necessário para o desempenho da tarefa contabilizando a capacidade, velocidade e durabilidade dos trabalhadores, a forma como a tarefa deve ser feita. As normas de desempenho devem ser estabelecidas com base no desempenho de um trabalhador de primeira classe e o de um trabalhador médio, sendo as normas gradualmente aumentadas à medida que o trabalhador se torna mais familiarizado com o sistema.

Sistema Salarial-Incentivo:
    O sistema de incentivos de Taylor distingue-se pelo estabelecimento prévio de padrões de desempenho de trabalho através de estudos de tempo e movimento. Taylor considerou que o método real de recompensa era parte relativamente insignificante do sistema. A opinião de Taylor, factores tais como, incentivos especiais, salários mais elevados, horários de trabalho mais curtos, melhores condições de trabalho e recompensas individuais para o trabalhador com base no desempenho ofuscam a importância do método específico de pagamento. A abordagem básica de Taylor aos incentivos é, em primeiro lugar, dar a cada trabalhador uma tarefa definida com instruções detalhadas e um padrão de tempo exacto para o desempenho de cada elemento da tarefa. Quando isto tiver sido realizado, o trabalhador deverá receber salários extraordinários pela execução da tarefa no tempo atribuído e salários ordinários se o tempo atribuído for excedido. Taylor considerou que a principal razão para o fracasso dos sistemas de incentivos anteriores tinha sido o facto de não terem começado com um bom conhecimento do tempo necessário para executar uma tarefa. Taylor opôs-se ao sistema de partilha de lucros, tal como proposto por Towne e Halsey. Assim, Taylor desenvolveu um sistema de incentivos que se baseia em padrões anteriores de desempenho de trabalho, sendo cada trabalhador recompensado individualmente pelo seu desempenho.
    Assim, sob o sistema de incentivos de Taylor, o sucesso recompensado por salários mais elevados e o fracasso é penalizado por perdas financeiras. No entanto, o sistema de Taylor distingue-se de outros sistemas de incentivos porque se baseia no conhecimento prévio do que constituía um bom trabalho.

Organização Funcional:
    As prescrições de Taylor para a estrutura organizacional são um afastamento radical das anteriores. Anteriormente, o modelo militar de organização tinha prevalecido, sublinhando a unidade de comando em cada nível da organização e culminando com um único executivo no topo de uma organização. Sob este sistema, o encarregado é responsável por uma vasta gama de funções, incluindo a contratação, formação, supervisão e punição dos seus subordinados.
    Taylor acreditava que este arranjo era muito deficiente em dois aspectos. Em primeiro lugar, exige uma quantidade indevida de conhecimentos técnicos por parte da gestão de topo. Em segundo lugar, espera demasiado dos capatazes e, como resultado, elimina o controlo directo pela direcção sobre os trabalhadores. De acordo com Taylor, quatro categorias diferentes de chefes funcionais devem ser nomeadas no departamento de planeamento. Eles são o encarregado da rota, o homem do cartão de instruções, o encarregado do tempo, e o disciplinador. Taylor também sugeriu a nomeação de mais

categorias de funcionários para os capatazes. Estes capatazes devem ser designados para a loja e responsabilizados pela boa execução do plano. Estes encarregados são chamados o chefe do bando, o chefe da velocidade, o encarregado da inspecção e o chefe da reparação. O chefe do bando deve preparar o trabalho, organizar e situar a maquinaria necessária, dar cartões de instruções aos trabalhadores, e encaminhar o trabalho através da oficina. O patrão de velocidade deve assegurar-se de que a maquinaria é executada com a velocidade adequada e que são utilizadas as ferramentas apropriadas. O encarregado da inspecção deve examinar os produtos e assegurar-se de que oyconformidade com as normas. O chefe de reparação deve ser responsável pelo ajuste, limpeza e cuidados gerais das máquinas, e ele é
para manter um registo de reparação e manutenção.

Os três componentes, o estudo do tempo e do movimento, o sistema de incentivos salariais e a organização funcional constituem o núcleo da gestão científica de Taylor. A gestão científica exige uma "revolução mental" tanto por parte da direcção como dos trabalhadores - a ciência substitui a regra de ouro e a confiança mútua entre a direcção e os trabalhadores substitui a "vigilância suspeita". Taylor embarcou numa campanha para promover a difusão da gestão científica no início dos anos 1900. O responsável pela rota é supervisionar o fluxo de trabalho, estudar trabalhos específicos e decidir o melhor método para os fazer, indicar as ferramentas a utilizar, fazer um gráfico mostrando o curso do trabalho através da loja e finalmente determinar a ordem em que os vários trabalhos devem ser feitos. O homem do cartão de instruções é, para estudar os desenhos e folhas de trabalho preparados pelos encarregados da rota, preparar instruções detalhadas para a realização de cada operação, e indicar o período de tempo necessário para cada operação. O escriturário é responsável pela preparação do pagamento e dos relatórios escritos, pela revisão dos cartões de ponto para determinar a elegibilidade para o bónus, e pela afectação dos custos de trabalho às contas adequadas. Finalmente, os disciplinadores devem rever os problemas que surgiram entre os trabalhadores e os seus chefes, contratar e despedir, e tratar de outros assuntos pessoais.

Mecanismos de Gestão:

É importante notar que Taylor fez a distinção entre "princípios" de gestão e "mecanismos" de gestão. Alguns dos mecanismos defendidos por Taylor e listados como se segue:

A. A utilização do cronómetro que era essencial para a técnica do estudo do tempo.

B. A utilização de dispositivos que poupam tempo, por exemplo, réguas de cálculo.

C. Padronização de todas as ferramentas e técnicas utilizadas nos ofícios.
D. A utilização do sistema de cartões de instruções para registar o que fazer e como fazer determinadas tarefas.
E. Adopção de um sistema adequado de classificação dos produtos manufacturados, bem como dos complementos utilizados no processo de fabrico.
F. Utilização do sistema de bónus para o desempenho bem sucedido da tarefa.
G. Promoção de um sistema moderno de custeio.

Impacto da Gestão Científica:

É significativo mencionar que, a gestão científica trouxe uma mudança drástica em toda a abordagem da gestão das indústrias. O impacto do movimento foi sentido através da melhoria global da gestão industrial. O impacto da gestão científica foi sentido não só na mão-de-obra, mas também na gestão. O sistema de controlo e planeamento mais precisos foram desenvolvidos. O movimento também forneceu directrizes à gestão para desenvolver uma organização eficaz. Taylor foi o primeiro pensador de gestão a salientar o conceito de investigação e utilização de normas na gestão.

Críticas sobre a Gestão Científica da Taylor:

Taylor, ao mesmo tempo que, ao desenvolver a gestão científica, fez contribuições notáveis para a compreensão da gestão das organizações. No entanto, ele é provavelmente melhor caracterizado como um sintetizador do que inovador. Ou seja, as contribuições de Taylor foram menos do que a introdução de novas ideias do que a integração de ideias existentes num sistema coerente. Nesta síntese, Taylor alargou as perspectivas tanto dos engenheiros como dos reformadores industriais. Taylor avançou a causa da investigação sistemática pela precisão das suas medições, o que substituiu a confiança nas regras - do polegar. A gestão científica foi claramente um movimento adequado ao seu tempo, e o seu impacto ainda é evidente, particularmente na engenharia industrial.

Mas, a teoria de gestão científica de Taylor é limitada tanto no seu âmbito como nas suas realizações científicas. No seu âmbito, a gestão científica de Taylor negligencia o impacto de factores externos à organização e considera apenas alguns factores internos à organização. Taylor nunca estendeu os seus estudos técnicos muito para além do nível da loja. Os aspectos financeiros mais amplos da empresa não lhe causaram grande preocupação. O único empreendimento de Taylor nas áreas mais vastas de gestão da empresa de investimento de produção foi algo menos do que um sucesso impressionante, e ele desenvolveu uma reputação entre aqueles que o empregavam como tendo um talento para "fazer dinheiro voar". Taylor deu a impressão de que iria perseguir a eficiência independentemente do custo, e as suas técnicas, sofrem de um excesso das suas virtudes.

Taylor tem sido profundamente, e talvez injustamente, condenado por uma alegada negligência do factor humano na organização. É mais justo afirmar que Taylor operou com base num conjunto limitado de pressupostos sobre a natureza do homem e a sua relação com a organização. Taylor presumiu, pelo menos implicitamente, que o trabalhador comum estava apenas segmentarmente envolvido na organização.

Taylor assumiu que o trabalhador perseguiria racionalmente o seu interesse próprio relativamente não contaminado pelos seus sentimentos, atitudes, e objectivos privados. Dada esta imagem do homem e a sua relação com a organização, Taylor assumiu que o comportamento poderia ser previsto através de uma manipulação adequada dos incentivos monetários. Esta revisão não é tão errada como é perspicaz.

Taylor não só foi inteiramente bem sucedido na realização dos seus objectivos científicos. Embora Taylor afirmasse que a gestão científica é "uma verdadeira ciência assente em leis, regras e princípios claramente definidos", a alegação é de validade duvidosa. Taylor definiu a ciência simplesmente como "conhecimento classificado", e a gestão científica parece qualificar-se por esta definição. No entanto, a alegação de Taylor de ter chegado a leis, regras e princípios claramente definidos é mais difícil de apoiar, ainda mais criticamente, Taylor nunca chegou a padrões de desempenho de trabalho ou taxas de compensação cientificamente determinados. Os padrões de desempenho desenvolvidos por Taylor não reflectiam a "melhor forma" de executar um trabalho. Em vez disso, os métodos prescritos eram "soluções de vanguarda sujeitas a alterações aquando da descoberta de um método melhor". A escolha de um padrão real para avaliar o desempenho do trabalho foi igualmente arbitrária. Uma vez que não havia dois homens a trabalhar exactamente à mesma velocidade, os padrões de trabalho deveriam ser estabelecidos em algum ponto não especificado entre o desempenho do operário de primeira classe observado e o operário médio. A questão de uma divisão adequada da recompensa ficou por resolver e permaneceu um ponto de discórdia importante entre Taylor e a forma como os críticos, particularmente os sindicatos de trabalhadores.

O taylorismo também era frequentemente atacado pelos gestores. Aqueles que queriam promoções rápidas para a alta direcção sem qualquer mérito baseado no ensino superior opuseram-se à posição de Taylor, que defendia a formação por peritos altamente treinados. Os gestores "não apreciaram os seus comentários desdenhosos sobre o método do polegar se.

Aqueles que tinham lutado pelo seu caminho para altos cargos de gestão sem o benefício do ensino superior eram sensíveis à posição de Taylor que, a menos que fossem assistidos por peritos altamente treinados, não estavam qualificados para gerir". É muito interessante notar que a Taylor teve de se demitir tanto da siderurgia de Midvale como da de Bethlehm, devido ao atrito com os gestores da empresa.

Elton Mayo, através das suas investigações clássicas Howthorne, provou conclusivamente que não se tratava dos arranjos estruturais da organização que são importantes para aumentar a produtividade e eficiência na organização. Mas é a atitude emocional do trabalhador para com o seu trabalho e a filosofia dos seus colegas Taylor de que os homens eram geralmente loucos e tentavam evitar o trabalho também tem sido contestada. É evidente pela análise de Brown que "o trabalho é uma parte essencial da vida do homem, uma vez que é o aspecto da vida que lhe confere estatuto e o liga à sociedade. Quando eles não gostam, a culpa reside nas condições psicológicas e sociais do trabalho, e não no trabalhador".

Os comportamentalistas acusaram que os métodos de gestão científica de Taylor sacrificam a iniciativa do trabalhador, a sua liberdade individual e o uso da sua inteligência e responsabilidade. Herbert A. Simon descreveu a gestão científica como a "organização fisiológica
teoria".

Conclusão:

Apesar das limitações relativas a uma compreensão adequada da psicologia humana, sociologia e anatomia do trabalho - o trabalho de Taylor continua a ser extremamente importante. Também a contribuição óbvia da gestão científica foi a melhoria global na gestão de fábricas ou industriais. Por todos os relatos, Taylor deve ser considerado como um pioneiro no estudo do ser humano no trabalho. Ele foi a primeira pessoa a iniciar a busca de um melhor desempenho no trabalho. Foi também o primeiro a aplicar técnicas quantitativas ao estudo da gestão industrial. A investigação de operações de gestão científica moderna, o estudo de métodos, o estudo do tempo, a análise de sistemas, a gestão por excepções, etc., fazem todos parte da herança de Taylor.

A gestão científica de Taylor tornou-se algo como um movimento. Numa era de realização crescente nas ciências físicas, ofereceu a esperança de resolver os problemas industriais através da utilização de princípios objectivos. Para engenheiros jovens e imaginativos, proporcionou um ethos e uma missão na vida. Após o período inicial de resistência, conquistou as cidadelas da gestão industrial antiquada nos Estados Unidos e teve um efeito tremendo na prática industrial. Alastrou mesmo à Alemanha, Inglaterra, França, URSS e outros países europeus. A gestão científica foi apoiada naRússia e os princípios de Taylor foram incluídos no currículo da educação e formação dos engenheiros.

Taylor, em resumo, combinou teoria e prática, pensamento e experimentação e fazer e ensinar tudo numa só pessoa. E numa só vida. A sua gestão científica teve uma grande influência na crescente reforma e no movimento económico na administração pública.

Livros de referência:
1. Ralph Clark Chandler (edsj, A centennial History of the American AdministrativeSate, The free Press, Nova Iorque, 1988.
2. Jack Robin e James S. Bowman (edsj, Woodrow Wilson e American PublicAdministration, Marcel Dekker, Nova Iorque, 1984.
3. Woodrow Wilson, "The study of Administration", Political Science QuarterlyVol.50, Dezembro, 1941.
4. Robert T. Golambiewski, Public Administration as a Developing Descriptive Parti, Marcel, Dekker, New York, 1977.
5. Mohit Bhattacharya, Administração Pública, World Press, Nova Deli, 1987.
6. D.R. Prasad Outros (edsj, Administrative Thinkers, Sterling) Publishers, NewDelhi, 1989.
7. PublicAdministration, Concepts, Theories and Principles, Telugu Akademi,Hyderabad, 2011.
8. Maheswari, Shriram, Administrative Thinkers, Macmillan India Limited, NewDelhi, 1998.
9. Fadia, B.L. e Fadia, Kuldeep, Administração Pública, Sahitya BhavanPublications, Agra, 2009.
10. Arora, Ramesh Kand Sogani, Meena Themes and Issues in Administrative Theory, Arihant Publishers, Jaipur, 1991
11. Sharma, M.P., e Sadana, B.L., Public Administration in Theory and practice,Kitab Mahal, NewDelhi, 2010.
12. . D.R. Prasad Outros (edsj, Administrative Thinkers, Sterling Publishers, NewDelhi, 1989).

CAPÍTULO 5

Teoria da Gestão Administrativa LutherGulick e Lyndall Urwick

Introdução:

Luther Gulick e Lyndall Urwick tinham uma rica experiência no trabalho do serviço civil, organizações militares e empresas industriais. É por isso que se encontram referências contínuas à disciplina e eficiência nos seus escritos. Eles até pediram emprestados certos conceitos como pessoal de linha da organização militar. Foram muito influenciados pelos escritos de F.W. Taylor e Henry Fayol. O seu trabalho intitulado 'Papers on the Science of Administration' [1937] foi considerado como um marco importante na evolução da administração pública.

Vida de Luther Gulick e Lyndall Urwick:

Luther Halsey Gulick nasceu em Osaka, Japão, no ano de 1892. Obteve o seu doutoramento na Universidade de Columbia em 1950. Serviu em várias funções como consultor da defesa e dos serviços civis. Foi membro do "Comité do Presidente para a Gestão Administrativa". Escreveu vários livros e artigos de investigação, entre os quais se destacam os seguintes: Reflexões Administrativas da Segunda Guerra Mundial, Problemas Metropolitanos e Ideias Americanas, Gestão Moderna para a cidade de Nova Iorque, e artigos sobre a Ciência da Administração.

Lyndall Fownes Urwick nasceu na Grã-Bretanha em 1891 e foi educado na Universidade de Oxford. Urwick foi Tenente-Coronel durante a Primeira Guerra Mundial no Exército Britânico, associado a uma série de Associações Internacionais de Gestão e foi considerado um excelente consultor em Gestão Industrial. Publicou vários livros como Management of Tomorrow, The Making of Scientific Management, The Elements of Administration: The Patterns of Management and Leadership in the 20th Century Organizations, Dynamic Administration and Freedom and coordination, uma característica notável nos escritos destes autores é a importância que atribuem à estrutura da administração, ao mesmo tempo que quase negligenciam o papel desempenhado pelos homens na organização. Urwick observa que "é impossível para a humanidade avançar o seu conhecimento sobre organização a menos que o factor estrutura seja isolado de outras considerações, contudo, tal isolamento artificial pode aparecer". Ele traça uma grande proporção de fricção e confusão na sociedade, com as suas principais consequências, e de falhas nos arranjos estruturais obtidos nas organizações.

Importância das Teorias Clássicas:

Um grupo de seres humanos que se unem para alcançar um objectivo comum dá origem à organização. Cada organização humana tem um propósito. Segundo Urwick é definido simplesmente como "determinar que actividades são necessárias para qualquer propósito e organizá-las em grupos que podem ser atribuídos a indivíduos". A história humana desde a sua fase de recolha de alimentos até à era moderna do computador ou do jacto, passou por várias fases. Embora, nas fases iniciais, quando a vida era simples e o homem estava empenhado na luta básica pela sobrevivência e tinha um objectivo muito limitado, a organização era relativamente simples. Foi a revolução industrial que marcou o início de uma organização complexa. O aumento da produção traz mudanças nos valores humanos e apela a uma nova adopção e a um ajustamento. É na sequência de tais desenvolvimentos que a organização passou por um período crítico e de crise.

A hierarquia defendida pelos teóricos clássicos, que acreditavam que melhoraria a produtividade e reforçaria o controlo dos gestores sobre os subordinados. Subjacentes a estas teorias estão dois pressupostos importantes.

A] É possível e desejável criar uma organização fechada cujos operadores internos não sejam afectados por forças externas à organização.
b] Os seres humanos podem ser treinados e orientados para desempenharem o seu trabalho de forma eficiente se forem recompensados materialmente.

As teorias clássicas destacaram o foco e a localização do campo da administração pública. O foco do campo era a perícia sob a forma de princípios administrativos. O locus do campo estava em todo o lado. Os princípios da administração são princípios, porque funcionam em qualquer contexto administrativo, independentemente da sua cultura, tradições, ambiente, missão e podem ser aplicados com sucesso em qualquer contexto. Os pensadores clássicos descreveram a organização em termos de como o trabalho era dividido e como a especialização das tarefas podia ser alcançada. A divisão do trabalho foi a base de uma organização e foi a razão para a sua criação. Actualmente, os administradores públicos são considerados especialistas em organogramas, ver a administração escrita o quadro do padrão organizacional formal. As teorias clássicas contribuíram grandemente para o estudo das organizações formais como unidades de análise.

Vistas de Luther Gulick:

A publicação de "Papers on the Science of Administration" de Luther Gulick e Lyndall Urwick marcou a 'hora alta' da administração pública. O estudo histórico destes dois teóricos reforçou o prestígio da administração pública. Estes documentos fizeram um esforço para compreender a causa básica que levou os seres humanos a recorrer à organização. Luther Gulick concordou que a causa básica para a génese de uma organização era a divisão do trabalho. Ele manteve que "cada empreendimento de grande escala ou complicado exigia que muitos homens o levassem avante. Onde quer que muitos homens trabalhem em conjunto, os melhores resultados são assegurados quando há uma divisão do trabalho entre estes homens". Ele acrescentou que "a teoria da organização tem a ver com a estrutura de - coordenação imposta às unidades de divisão do trabalho de uma empresa". Por conseguinte, não é possível determinar como uma actividade deve ser organizada sem, ao mesmo tempo, considerar como o trabalho em questão deve ser dividido". Ele concluiu, "A divisão do trabalho é o fundamento da organização, de facto, a razão da organização". Como resultado, teve de dividir o trabalho e foi esta divisão do trabalho, segundo Gulick, que foi a causa da génese da organização.

Em contraste com o argumento de Luther Gulick, James, D. Mooney no seu artigo incluído em "Papers on Science of Administration" manteve, era a coordenação, o princípio fundamental de qualquer organização humana. Mooney escreve, "o termo organização, e os princípios que a regem, são inerentes a todas as formas de esforço humano concertado, mesmo quando não estão envolvidas mais de duas pessoas. Taylor e Fayol formularam alguns destes princípios, Luther Gulick e Urwick discutiram-nos em pormenor. Os Princípios que encontram um lugar na abordagem clássica são: Hierarquia, unidade de comando, amplitude de controlo, base de organização departamental, linha e pessoal, delegação e descentralização, etc. Cada um destes princípios destina-se a proporcionar as ligações entre os vários funcionários a diferentes níveis de uma organização.

O objectivo de cada princípio é aumentar o nível de eficiência da organização. Para este fim, é necessário que os seres humanos estejam organizados. Neste processo, o princípio de "hierarquia" organiza os seres humanos em vários níveis e também indica quem deve emitir ordens e quem deve obedecê-las. Estes princípios introduzem a distribuição do trabalho com base na posição que se ocupa e no nível de especialização que se possui. As pessoas com maior grau de especialização ocupam a posição superior e menor grau de especialização, os níveis inferiores.

Importância da estrutura:

A abordagem clássica enfatiza a eficácia de um grupo de seres humanos depende do tipo de estrutura em que estão a operar. A estrutura é básica para qualquer esforço de grupo. A estrutura, acreditam eles, é capaz de reduzir a diversidade da natureza humana e enquadra-os no padrão em que têm de responder de acordo com as necessidades e exigências da organização. Também acredita que um ser humano se ajustaria e adoptaria às necessidades e expectativas da organização.

Universalidade da experiência:
As reivindicações da abordagem clássica para um estatuto teórico baseiam-se na sua fé de que os princípios que são enunciados são universalmente válidos. Mooney observa que "não há princípio na organização industrial enquanto tal que não se encontre em todas as outras esferas, mas é erróneo inferir que os organizadores industriais tomaram emprestados estes princípios de organização das formas mais antigas". Sublinhou que "um princípio, se é verdadeiramente tal, é um universal, e um universal não pode ser emprestado". Tem simplesmente uma forma de se aplicar a si próprio, e isto é sempre verdade, seja qual for o nome que lhe possamos ter o prazer de lhe chamar. A abordagem clássica, pelo contrário, formulou os princípios de tal forma que estes se baseiam nas premissas de que os processos subjacentes na estrutura organizacional e o seu funcionamento são os mesmos e, portanto, universais. Mantém-se que existe uma área específica na organização que pode ser separada do seu contexto ambiental e desenvolvida de modo a ter uma aplicação universal.

Validade científica:
Os princípios de organização foram desenvolvidos com base na experiência adquirida em organizações militares e industriais. Os defensores destes princípios são aqueles que tinham uma rica experiência numa variedade de organizações. Formularam-nos após uma considerável observação do trabalho com organizações humanas. Por outras palavras, os princípios passaram a ser propostos não a partir de exercícios filosóficos ou invenções da imaginação, mas sim de observações empíricas rigorosas. A abordagem clássica baseia-se assim na premissa de que estes princípios têm validade científica.

Os Princípios de Organização de Luther Gulick:
Inspirados sobretudo por pensadores de gestão anteriores, F.W. Taylor e Henry Fayol, Gulick e Urwick desenvolveram a teoria clássica da organização com base na sua crença de que uma ciência da administração é possível se certos princípios forem desenvolvidos com base na experiência prática dos administradores. Mas, a característica notável das teorias construídas por estes dois autores é que sobrestimaram a estrutura e o processo de organização dando menos importância aos seres humanos que nela trabalham. Gullick identificou 4 bases de organização departamental (popularmente conhecidas como 4 pj:

Finalidade, Processo, Pessoa e Lugar.

Os princípios de organização que são defendidos por Luther Gulick como abaixo:
1. Divisão do trabalho
2. Bases das organizações departamentais
3. Coordenação através da hierarquia
4. Coordenação deliberada
5. Coordenação através de comités
6. Descentralização
7. Pessoal e linha
8. Unidade de Comando
9. Delegação
10. Amplitude de controlo

Entre os dez princípios de administração listados, Gulick dá especial ênfase à divisão do trabalho. Segundo ele, as organizações de grande escala requerem muitos homens para desempenharem as suas diferentes tarefas. Onde quer que muitos homens trabalhem em conjunto, os melhores resultados podem ser alcançados quando há uma divisão do trabalho entre estes homens. A teoria da organização, portanto, tem a ver com a promoção da coordenação entre as diferentes unidades de uma organização criada pelo princípio da divisão do trabalho. Assim, Gulick diz que "a divisão do trabalho e a integração são as correias de bota através das quais a humanidade levanta no processo da civilização".

Gulick compunha um acrónimo POSDCORB que indica as funções universais que todos os administradores devem realizar. Cada letra no POSDCORB significa uma tarefa a ser desempenhada pelo Chefe do Executivo na organização.

POSDCORB, cada letra representa uma função específica, isto é, P- representa Planificação, O- representa Organização, S- representa Pessoal, D- representa Direcção, CO- representa Coordenação, R- representa Relatórios, B- representa Orçamento.

Planeamento:
Precisa de um esboço geral das coisas que precisam de ser feitas e dos métodos para as fazer para atingir o propósito ou o objectivo da organização.

Organização:
Estabelecimento de uma estrutura formal de autoridade através da qual a divisão do trabalho é feita, definida e coordenada para a realização dos objectivos de organização.

Pessoal:
Todo o pessoal tem a função de seleccionar e formar o pessoal e manter condições de trabalho favoráveis.

Realização:

Esta é a tarefa contínua de tomar decisões e encarná-las em ordens e instruções específicas e gerais e de servir como líder da empresa.

Coordenação:
O importante dever de inter-relacionar as várias partes do trabalho.

Relatórios:
Manter aqueles a quem o executivo é responsável, informados sobre o que se está a passar, o que inclui manter-se a si próprio e aos seus subordinados informados através de registos, investigação e inspecção.

Orçamentação:
Todas as actividades relacionadas com o planeamento, contabilidade e controlo.

Na forma como o POSDCORB delineia, uma filosofia operacional para a administração pública que tem três consequências, ou seja

A. A divisão do trabalho, tanto funcional como estrutural, é o principal modo de organização das actividades da administração pública.
B. Há uma suposição, que a dicotomia de Woodrow Wilson entre política e administração, com particular ênfase na democracia e no contexto político.
C. A eficiência em termos da melhor utilização dos recursos adequados ao contexto político mais vasto tem um valor permanente para a administração pública.

Princípios de organização de Lyndall Urwick:

Lyndall Urwick identificou oito princípios de administração para todas as organizações. Os princípios são:
1. O princípio dos objectivos, de que a organização deve ter uma meta clara.
2. O princípio da correspondência, de que a autoridade e a responsabilidade devem ser iguais.
3. O princípio da responsabilidade, de que o superior é absolutamente responsável pelo trabalho dos subordinados.
4. O princípio escalar de que uma estrutura do tipo piramidal é construída numa organização.
5. O princípio do alcance do controlo
6. O princípio da especialização, que a limitação do trabalho a uma única função.
7. O princípio da coordenação
8. O princípio da definição, que a prescrição clara de cada dever.

Ingredientes da Teoria Clássica:

Das discussões acima referidas, destacaram-se os seguintes pontos. Estes são também conhecidos como pilares da teoria clássica da organização.

Divisão do Trabalho:
A divisão do trabalho implica que o trabalho deve ser dividido para se obter uma especialização clara, com vista a melhorar o desempenho da organização. Isto implica uma especialização. Quanto mais especializado um trabalhador se tornar no cumprimento do seu trabalho em particular, mais eficiente será toda a organização. Para a divisão do trabalho, é necessário identificar o trabalho a ser realizado. Fayol identificou seis dessas funções, ou seja, técnicas, comerciais, financeiras, de segurança, contabilísticas e de gestão.

Departamentalização:
A divisão do trabalho é seguida pela sua atribuição aos indivíduos responsáveis pelo seu desempenho. Os teóricos clássicos preocupam-se principalmente com a forma como o trabalho é atribuído aos indivíduos para que a sua especialização possa ser utilizada eficazmente. Gulick e Urwick sugeriram quatro bases alternativas para agrupar trabalho, finalidade, processo, pessoas e local.

Coordenação:
A coordenação é o arranjo ordenado do esforço de grupo para proporcionar unidade de acção na busca de um objectivo comum com economia e eficiência. Todas as pessoas na organização contribuem para a eficiência organizacional e esta eficiência será máxima quando a eficiência de tal indivíduo for maximizada e integrada. De acordo com os teóricos clássicos, no seu modelo formalizado de departamentalização, os problemas de coordenação são eliminados porque enquanto o conjunto de actividades a realizar é decidido com antecedência e estas actividades são atribuídas a unidades organizacionais, o problema é resolvido.

O Comportamento Humano nas Organizações:
Estes teóricos tomam os seres humanos na organização como um instrumento inerte que desempenha as tarefas que lhes são atribuídas. Além disso, há uma tendência para ver o pessoal a dar em vez de uma variável na organização. Para eles, os empregados dão o máximo de trabalho se estiverem satisfeitos, já que a remuneração e os métodos de pagamento devem ser justos e proporcionar a máxima satisfação aos empregados e empregadores. Assim, a satisfação fisiológica é a base do desempenho e eficiência do trabalho.

Teorias clássicas: Uma Revisão Crítica:
Ainda que as teorias clássicas representadas pelo trabalho de Gulick e Urwick tenham tido um impacto significativo na teoria administrativa, foram severamente atacadas por vários estudiosos pelas suas fraquezas e fracassos. Em particular, os princípios de administração propostos pelos teóricos clássicos como Gulick e Urwick foram sujeitos a ataques mordazes. Herbert Simon criticou os princípios da teoria clássica, ponto por ponto. O argumento mais básico de Simon é que os princípios de administração oferecidos por

Gulick e Urwick são na realidade uma série de provérbios contraditórios que são válidos apenas como declarações universais sobre as organizações e as suas operações. Ele também argumentou que para quase todos os princípios haveria um princípio contraditório igualmente aceitável. Ele criticou os cinco importantes princípios propostos pelos teóricos clássicos, ou seja, unidade de comando, extensão do controlo, hierarquia de autoridade, especialização e as quatro bases da organização departamental. Simon afirmou que todas as organizações modernas são marcadas por uma maior especialização e que os trabalhadores recebem frequentemente ordens directa ou indirectamente de especialistas, bem como de pessoal de supervisão. Do mesmo modo, as organizações são sujeitas a conflitos internos inerentes que acabam por ser ignorados pelos pensadores clássicos. Simon salientou que o agrupamento de organizações de acordo com os quatro meios, ou seja, objectivo, processo, clientela e lugar, é incoerente a nível interno. Porque são bases mutuamente competitivas e as vantagens do quarto meio. Simon também argumentou que existe uma grande dificuldade em especificar exactamente o que estes quatro termos podem significar.

Robert Merton diz que, na teoria clássica, as técnicas utilizadas para garantir a fiabilidade incluem procedimentos de operação padrão e supervisão constante. Para ele, isto resulta na redução da quantidade de relações personalizadas na organização. James Thomson outro crítico da teoria clássica afirma que o valor desta teoria é limitado não só porque as suas prescrições específicas não são universalmente aplicáveis, mas também porque previu a organização como um modelo de sistema fechado. Segundo Thomson, os teóricos clássicos como Gulick e Urwick estão preocupados com factores internos às organizações. A sua perspectiva dá pouca credibilidade à possibilidade de que o maior ambiente co-social, cultural, político e económico em que as organizações existem tenha um efeito nas suas operações e eficácia. Outra crítica à teoria clássica preocupa-se com a opinião de que a componente mais vital da organização, ou seja, o homem foi ignorado pelos teóricos clássicos. Argumentou-se que a negligência do factor humano e a falta de análise comportamental tornaram a teoria clássica atomística e voluntarista. Também foi criticado que a sua obsessão com os aspectos normativos do funcionamento das organizações levou à sua negligência no estudo dos padrões de comportamento reais e informais que existem em todas as organizações. Finalmente, como um crítico apontou algumas das posições de Gulick e Urwick parecem ser compromissos de valor em vez de declarações científicas. Em particular, o apoio de Gulick a um ramo executivo reforçado e integrado é um exemplo disso mesmo. Gulick argumenta que a sua liderança executiva levará a uma administração mais eficiente e eficaz e resultará num maior grau de controlo democrático.

Conclusão:

A abordagem clássica é principalmente uma resposta ao capitalismo crescente no Ocidente. Tem sido proposta para assegurar eficiência e economia para aumentar a produção. É quase uma tentativa pioneira de sistematizar a experiência organizacional humana. É a partir de observações empíricas que os princípios de organização são evoluídos. A sua contribuição representa uma transição importante entre os teóricos administrativos anteriores e os académicos posteriores, que, tal como Herbert Simon, apelaram a uma abordagem mais empírica e analítica do estudo da administração. Sem dúvida, existem críticas veementes contra as ideias de Gulick e Urwick, mas estas críticas não poderiam diminuir o significado da contribuição dos dois pensadores para o desenvolvimento da teoria administrativa. Definiram o foco da administração pública que permanece como um tema central na disciplina. A abordagem clássica tentou sistematizar a experiência organizacional e preparou o caminho para uma posterior ruptura no desenvolvimento conceptual. Também proporcionou o estímulo para um debate animado. Todos estes factores tornam a abordagem importante e relevante para o estudo da administração pública.

Referências:

1. Prasad, D.R. e Prasad, V.S. Administrative Thinkers, Sterling Publishers, Nova Deli, 2010
2. Shriram Mahesari, Administrative Thinkers, Macmillan India Limited, Nova Deli, 1998. Public Administration, Concepts, Theories and Principles, Telugu Akademi, Hyderabad,2011.
3. Arora, Ramesh e Sogani, Meena, Themes and Issues in Administrative theory, Arihant Publishing house, Jaipur, 1991.
4. DR. Prasad Outros (edsj, Administrative Thinkers, Sterling Publishers, Nova Deli, 1989.

CAPÍTULO 6

MODELO BUROCRÁTICO: MAX WEBER

Introdução:
Max Weber, historiador e sociólogo alemão, foi o primeiro cientista social que realizou um estudo sistemático da burocracia e das suas características. De facto, o seu nome tornou-se sinónimo de burocracia. Ele ocupa um lugar único na galáxia dos cientistas sociais que tentaram explicar o conceito de burocracia. Todos se lembram sempre de Max Weber sempre que há uma discussão sobre burocracia, o Modelo Weberiano de burocracia é uma fonte de inspiração para os pensadores sobre administração, pois reflecte o espírito da burocracia moderna e está a ser usado como base de referência para outros modelos sobre burocracia. O nome de Max Weber tornou-se sinónimo de burocracia por gozar de um lugar único na galáxia dos cientistas sociais que tentaram explicar o conceito de burocracia.

Max Weber's Life:
Max Weber nasceu em 1864 numa família de fabricantes de têxteis na Alemanha Ocidental. Estudou Direito e entrou para a Universidade de Berlim como instrutor de Direito. Permaneceu como académico durante o resto da sua vida. Escreveu uma série de artigos sobre direito, sociedade e os factores políticos e económicos prevalecentes na altura. A sua contribuição para a teoria da burocracia é significativa. No estudo das teorias administrativas, a burocracia de Max Weber, descrevendo a estrutura do sistema administrativo, fornece um quadro conceptual influente e um entendimento histórico próximo. Max Weber tornou-se uma figura central tanto do entendimento intelectual como de uma figura controversa durante mais de cem anos de evolução das ciências administrativas, uma vez que a maioria dos pensadores apenas tentou contradizê-lo ou formulou teorias baseadas no seu modelo. Isto torna-o popular entre os estudantes de sociologia, ciência política e administração pública.

Autoridade, Organização e Legitimidade:
Entre o trabalho de Weber sobre administração, as suas teorias sobre dominação, liderança e legitimidade merecem uma menção especial. Propôs estas teorias com uma perspectiva ampla, tendo em conta a religião e a sociedade e a forma como moldam o padrão de liderança. Weber diferenciou autoridade, poder e controlo. Para Weber, "autoridade" era idêntica ao poder autoritário do comum". Weber identificou cinco componentes essenciais da autoridade.

A. Um indivíduo ou um corpo de indivíduos que governam.
B. Um indivíduo ou um corpo de indivíduos que são governados.
C. A vontade dos governantes de influenciar a conduta das regras e uma expressão dessa vontade ou comando.
D. Evidência da influência dos governantes em termos do grau objectivo de comando.
E. Prova directa ou indirecta dessa influência em termos de aceitação subjectiva com a qual os governados obedecem ao comando.

A autoridade existe desde que seja aceite como legítima pelos governantes. Uma organização assim, só pode governar ou administrar quando tem legitimidade. Explicando a autoridade de diferentes tipos, em várias organizações, Weber concluiu que, "toda a administração significa dominação". Weber classificou as pessoas nas organizações como inferiores:

A. Aqueles que estão pessoalmente interessados em ver a dominação existente continuam porque obtêm benefícios.
B. Aqueles que estão habituados a obedecer às ordens.
C. Aqueles que se mantêm preparados para o exercício destas funções.
D. Aqueles que participam nessa dominação, no sentido de que o exercício de funções está dividido entre eles.

Weber definiu a administração como domínio ou exercício de autoridade enquanto, a maioria dos outros cientistas administrativos a definiu como serviço ou cumprimento do dever. A Weber prescreveu legitimidade em três tipos, ou seja, autoridade legal, autoridade tradicional, autoridade carismática.

Autoridade Jurídica:

Manifestações de autoridade jurídica são encontradas em organizações onde as regras são aplicadas judicialmente e de acordo com princípios determináveis válidos para todos os membros da organização. Os membros que exercem o poder são os superiores e são nomeados ou eleitos por procedimentos legais para manter a ordem jurídica. As pessoas sujeitas às ordens são iguais aos que obedecem "à lei". O 'aparelho' que implementa o sistema de autoridade legal está também sujeito aos mesmos princípios. Assim, a organização é contínua e os seus membros estão sujeitos a regras que delimitam a sua autoridade com os necessários controlos sobre o seu exercício.

Autoridade Tradicional:

A autoridade tradicional retira legitimidade à sua aceitação desde o seu posto de hoary. As pessoas que exercem a autoridade são geralmente chamadas "mestres" que gozam de autoridade pessoal em virtude do seu estatuto herdado. As suas ordens têm legitimidade por causa dos costumes, mas também podem dar ordens com base na sua decisão pessoal. Assim, a conformidade com os costumes e a arbitrariedade pessoal são duas características da autoridade tradicional. As pessoas que obedecem às ordens aqui são chamadas "seguidores". Elas executam as ordens do mestre por pura lealdade pessoal e um respeito piedoso pelo seu estatuto de honrado pelo tempo.

Autoridade Carismática:
É o poder exercido por um líder quer seja um profeta, um herói ou um demagogo - substanciando a reivindicação em virtude dos seus poderes mágicos ou heroísmo ou outras dádivas ou qualidades extraordinárias. O carisma e as suas formas de aceitação são a base da legitimidade neste sistema. As pessoas que recebem o comando obedecem ao líder, porque acreditam nas suas capacidades extraordinárias e não nas regras estipuladas ou na dignidade ou numa posição. O líder carismático selecciona os seus discípulos ou seguidores como seus funcionários com base puramente na sua devoção pessoal a ele e não na sua qualificação ou estatuto especial. Weber acreditava que, todos estes tipos de autoridade reclamam legitimidade desde que os "enrolados" os aceitem. A autoridade deixa de ser legítima quando os governantes agem ou fazem o que é ilegal, ignoram as tradições e perdem o carisma, respectivamente.

Burocracia:
Os gabinetes públicos, de uma forma ou outra, foram sempre adjuntos de governos organizados em todo o mundo. Por exemplo, na China, mesmo em 186 a.C., existiam gabinetes públicos e o pessoal era recrutado através de exames competitivos já nessa altura. A história está repleta de instâncias e razões para mostrar que os indivíduos nomeados para os gabinetes governamentais adquirem algumas características especiais, algumas das quais eram mesmo universais.

Foi M de Gourney, um economista francês, que utilizou pela primeira vez a palavra burocracia, durante a primeira metade do século 18th. Vários escritores franceses, depois de de Gourney, popularizaram a palavra Burocracia enquanto os cientistas sociais britânicos começaram a usar a palavra apenas no século 19th. J.S. Mill, um eminente economista político, incluiu a burocracia na sua série de análises. Mosca e Michels são dois sociólogos importantes que escreveram extensivamente sobre a burocracia. No entanto, um é lembrado de Max Weber sempre que, há uma discussão sobre a burocracia. A razão simples para isto é que Weber foi o primeiro cientista social que fez um estudo sistemático da burocracia e das suas características. O modelo weberiano de burocracia é uma fonte de inspiração para muitos, porque reflecte em grande parte os espíritos da burocracia moderna. Esta é a razão pela qual o modelo Weberian está a ser utilizado como base de referência para outros modelos sobre a burocracia.

Weber nunca definiu a Burocracia. Ele apenas descreveu as suas características. Para ele a burocracia é "um órgão administrativo de funcionários nomeados". Assim, na burocracia, incluiu funcionários nomeados de forma explícita, deixando apenas os eleitos. Como no caso da autoridade, Weber categorizou a burocracia em 1] burocracia patrimonial encontrada nos tipos tradicionais e carismáticos de autoridade e 2] Burocracia legal racional encontrada apenas no tipo de autoridade legal. As características da burocracia legal-racional popularmente conhecida como modelo de burocracia weberiana são analisadas mais detalhadamente. Assim, todo o sistema de organização, incluindo todos aqueles que ocupam várias posições de cima para baixo, estão também sujeitos aos mesmos princípios que regem o comportamento organizacional. Weber explica cinco crenças relacionadas, das quais depende a autoridade legal. São elas:

1. Que um código legal possa ser estabelecido, isto pode reclamar obediência por parte dos membros da organização.
2. Que a lei é um sistema de regras abstractas que são aplicadas a casos particulares e que a administração cuida dos interesses da organização dentro dos limites dessa lei.
3. Que só a pessoa como membro da organização obedeça à lei.
4. Que o homem que exerce a autoridade também obedece a esta ordem impessoal.
5. Essa obediência não se deve à pessoa que detém a autoridade, mas à ordem impessoal que lhe concedeu esta posição.

Estes cinco elementos substanciam a opinião de que Weber colocou maior ênfase na relação entre legitimidade e ordem impessoal. Quatro factores parecem ter influenciado principalmente a Weber na sua ampla discussão sobre a burocracia. São eles: A] A razão histórica, técnica e administrativa para o processo de burocratização, particularmente nas civilizações ocidentais. B] O impacto do Estado de direito sobre o funcionamento da organização burocrática C] A posição ocupacional e a típica orientação pessoal dos funcionários burocráticos como grupo de elite, e D] os atributos e consequências mais importantes da burocracia no mundo moderno, particularmente da burocracia governamental.

Modelo Weberiano de Burocracia:

Weber afirma que, a burocracia é um "órgão administrativo de funcionários nomeados". Ao mesmo tempo que distingue o termo, explica que,

"Nenhum exercício de autoridade pode ser puramente burocrático a menos que seja feito unicamente através de funcionários contratados e nomeados. A burocracia, na sua forma mais racional, tem as seguintes características fundamentais
1. As tarefas oficiais são organizadas numa base contínua e regulamentada.
2. Estas tarefas estão divididas em esferas funcionalmente distintas, cada uma delas mobilada
com a sua autoridade e sanções requintadas.
3. Cada gabinete e cada funcionário faz parte de uma hierarquia de autoridade. Os funcionários superiores supervisionam os gabinetes e os funcionários têm o direito de recorrer.
4. As regras segundo as quais os trabalhos são conduzidos podem ser técnicas ou jurídicas. Em ambos os casos, são necessárias pessoas com formação.
5. Os recursos da organização são bastante distintos dos dos recursos dos membros privados.
6. O titular dos escritórios não se pode apropriar do seu escritório
7. A administração é conduzida com base em documentos escritos.
    Neste modelo de burocracia, Weber também discutiu em detalhe as características do funcionário, que são as seguintes.
A. Ele é pessoalmente livre e nomeado para um cargo oficial com base num contrato.
B. Ele exerce a autoridade que lhe foi delegada de acordo com regras impessoais, e a sua lealdade é expressa através da execução fiel dos seus deveres oficiais.
C. A sua nomeação e colocação profissional dependem das suas qualificações técnicas.
D. O seu trabalho administrativo é a sua ocupação a tempo inteiro.
E. O seu trabalho é recompensado por um salário regular e por perspectivas de progressão regular na carreira ao longo da vida.

    As características acima referidas constituem as ideias de Max Weber, mas o tipo de burocracia pura e mais racional e popular. Weber considerava a burocracia racional como um elemento importante na racionalização do mundo moderno. Para ele, é o mais importante de todos os processos sociais. Martin Albrow salientou no seu contexto que, entre outras coisas, este processo envolvia uma crescente recessão e explicitação dos princípios que regem as organizações sociais. Weber sustenta que "O mecanismo burocrático plenamente desenvolvido se compara com outras organizações exactamente como o faz a máquina com os modos de produção não mecânicos. Weber através do qual a burocracia jurídico-racional é tecnicamente superior a todos os outros sistemas administrativos. Além disso, sublinhou que as pessoas outrora governadas pela burocracia nunca podem pensar em qualquer outra

alternativa. Por conseguinte, é permanente e indispensável.
No modo Weberiano; da burocracia, os principais elementos são:
a) A ordem impessoal
b) Regras
c) Esfera de competência
d) Hierarquia
e) Finalidades pessoais e públicas,
f) Documentos escritos
g) Tipo monocrático. Estes elementos são discutidos em detalhe no seguinte:

A Ordem Impessoal:
No tipo ideal de construção de Weber de burocracia, o mais marcante e pensado - provocando a ideia, ele acreditava que a "ordem impessoal" deveria orientar as acções dos burocratas tanto na emissão dos comandos aos subordinados como na sua obediência aos mesmos. A ênfase nas relações de despersonalização também joga o seu porto na incapacidade treinada do burocrata.

Regras:
A característica fundamental da autoridade legal racional da Weberian é o atributo de organização contínua das funções oficiais vinculadas por regras. As regras que regulam a conduta de um escritório podem ser regras ou normas técnicas. A sua aplicação racional, no entanto, requer formação especializada. As regras tornam-se mais importantes do que o 'jogo'. À parte isto, as regras causam atrasos processuais, uma vez que criam complicações na administração.

Esfera de Competência:
Segundo Weber, uma esfera de competência específica envolve, uma esfera de obrigação de desempenhar funções que tenham sido marcadas como parte de uma divisão sistemática do trabalho; a provisão do incumbente com a autoridade necessária para desempenhar essas funções; os meios claramente definidos de compulsão sujeitos a condições definidas nas suas utilizações.

Hierarquia:
Segundo Weber, "a organização dos escritórios segue o princípio da hierarquia, ou seja, cada escritório inferior está sob o controlo e supervisão de um superior". A Weber atribui maior importância ao princípio da hierarquia na organização dos escritórios e também no que diz respeito ao pessoal administrativo.

Fins pessoais e públicos:

Há uma grande utilidade e relevância no tipo ideal de Weber, na medida em que este defende a separação do pessoal administrativo da propriedade dos meios de produção. Também pleiteia a total ausência de apropriação da posição oficial pelo titular. As verificações necessárias aos burocratas para evitar que estes utilizem indevidamente as suas posições.

Documentos escritos:
O último princípio da burocracia weberiana é que "os actos administrativos, decisões e regras são formulados e registados por escrito mesmo nos casos em que a discussão oral é a regra ou é mesmo obrigatória". Os documentos tornam a administração responsável perante as pessoas e fornecem uma referência pronta para acções futuras.

Análise Crítica:
A crítica contra a burocracia decorre principalmente das fraquezas inerentes ao próprio modelo. Diz-se que, as próprias vantagens reivindicadas por Weber são viradas contra o seu próprio modelo.

Entre os críticos Peter Blau, Warren G. Bennis, Chester Barnard, Philp Selzenick, Robert Merton, La Palambora, Talcott, R.V. Presthus, W. Delany e Simon são muito proeminentes.

1. A regulamentação do comportamento oficial de um empregado através de especificações formais limita automaticamente a sua capacidade de adoptar circunstâncias em mudança não previstas por aqueles que elaboraram as regras. Isto indicaria também que o modelo de Weber não descreve o papel efectivo dos funcionários. Isto é o que se chama formação na capacidade dos funcionários.
2. A estrutura, a sua hierarquia e regras, que é racional no sentido weberiano, pode facilmente gerar consequências, que são inesperadas e prejudiciais para a consecução do objectivo de organização.
3. Weber ignorou os factores ambientais que influenciam o comportamento da organização no seu funcionamento.
4. Elementos de organização burocrática, tais como regras que conduzem à eficiência em geral produzem ineficiência em casos específicos e em geral, produzem timidez, conservadorismo e técnicas.
5. O conceito de burocracia de Weber faz certas suposições implícitas sobre a motivação humana que não são necessariamente válidas em ambientes noroocidentais
6. A burocracia pode levar a burocracias vermelhas, atrasos desnecessários e a fragmentos de procedimentos.
7. No contexto do bem-estar e do desenvolvimento da administração, o modelo burocrático só traz benefícios negativos. Faz do oficial uma

engrenagem na máquina administrativa com pouca margem para inovação.
8. As relações impessoais com os clientes e o comportamento formal com os colegas produzem consequências indesejáveis. É natural que se desenvolvam relações informais e práticas não oficiais entre os membros da organização, e estas são altamente significativas para alcançar os objectivos da organização. Mas a Weber ignorou-os totalmente.

Conclusão:

Os críticos têm argumentado que, os modos de burocracia Weberiana carecem de validade empírica, particularmente quando está relacionada com a administração moderna. Mas Weber construiu o seu tipo ideal, tendo em mente as condições da Alemanha durante o seu tempo. Dizer que não se adequa às condições modernas não é apropriado porque no início do século 20th, ninguém, incluindo Weber, poderia alguma vez visualizar as mudanças que ocorreram nas últimas seis ou sete décadas e que alteraram a própria natureza da sociedade. Martin Albrow disse que em termos da influência que exerceu e do argumento que estimulou, a escrita de Weber sobre a burocracia é mais importante do que a soma total das contribuições feitas por vários cientistas sociais sobre a burocracia. No entanto, existe uma falta de exposição detalhada do seu trabalho, em oposição a empréstimos directos de ideias particulares, por um lado, e discussões críticas de alguns fragmentos dos seus escritos, por outro. Seja o que for, talvez a crítica contra Weber, o seu tipo ideal de burocracia tem sido, e é, o quadro conceptual mais dominante no estudo da administração pública. Weber fornece uma metodologia básica e um trabalho de enquadramento para analisar as estruturas existentes de várias organizações sociais.

Hoje vemos na prática em todas as sociedades do mundo, Weber provando ser correcto quando disse que as sociedades que outrora eram governadas pela burocracia nunca se podem livrar dela. Os países afro-asiáticos a partir da Índia poderiam ficar com as regras alienígenas, mas não com as práticas burocráticas estabelecidas pelos governantes coloniais.

Modelo weberiano, sem dúvida inclui tanto elementos positivos como negativos. Elementos como a selecção por mérito e qualificações técnicas e a completa obscenidade da apropriação de posições oficiais por parte dos incumbentes são incluídos na categoria positiva. Há elementos tais como ordem impessoal, regras, documentos escritos que formam a categoria negativa. À medida que os elementos negativos adquirem maior importância no modelo, os elementos positivos ficam abismados e enfraquecidos pelo enorme fluxo de negativismo. Qualquer menção ao termo "burocracia" traz imediatamente à ribalta, o nome de Max Weber. Ele pode ser elogiado e criticado, mas não pode ser ignorado.

Referências:
1. Shriram Maheswari, Administrative Thinkers, Macmillan India Limited, Nova Deli,1998.
2. Albrow, Martin, Burocracia, Macmillan, Londres, 1970.
3. Administração Pública, Conceitos, Teorias e Princípios, Telugu Akademi,Hyderabad, 2011.
4. Merton, Robert K.fed], Reader in bureaucracy, Free Press, Glencoe, 1952.
5. Balu, Peter, M. bureaucracy in Modern Society, Random House, New York, 1962.
6. Dr. Prasad Outros [eds], Administrative Thinkers, Sterling Publishers, Nova Deli,1989.

CAPÍTULO 7

MARY PARKER FOLLETT - RESOLUÇÃO DE CONFLITOS

Introdução:
   Mary Parker Follett foi uma escritora criativa com uma capacidade esporádica para dar ideias originais de uma forma simples e compreensível. Ela nasceu em 1868 em Boston, em E.U.A., ocupa um lugar muito significativo na assembleia de pensadores administrativos. Ela foi influenciada pelos pensadores clássicos como Henry Fayol, Ordway Tead, Lyndall Urwick, e Oliver Sheldon. Ela estabeleceu muitos princípios de organizações e convocou pessoas sobre a utilidade prática destes princípios para lidar com os problemas sociais actuais. Ela publicou The Speaker of the House of Representatives [1909], The New State [1920], Creative Experience [1924], e Dynamic Administration [1941]; o último foi o editado postumamente por Metcalf e Urwick.

   De acordo com Mary Follett, as batalhas nas organizações são previsíveis. Dá origem a diferenças de opiniões e interesses. Como tal, o conflito não é bom nem mau, mas proporciona oportunidades para bons ou maus resultados. Follett pronunciou que os gestores devem aprender a ultrapassar o conflito de uma forma positiva. Ela recomendou três métodos para tomar uma decisão ou lidar com o conflito organizacional. O primeiro é a dominação, ou seja, a vitória de um lado sobre o outro. O segundo método é o compromisso, ou seja, cada lado submete alguma parte do que quer, de forma a chegar a um entendimento. O terceiro é o aspecto mais importante na resolução do conflito é a integração, pela qual se encontra uma nova solução que satisfaz as necessidades reais de ambos os lados e nenhum dos lados sacrifica nada. Na dominação, um lado tem de ser dominado pelo outro para resolver o conflito, enquanto que no compromisso, existe um meio-termo entre as exigências e as necessidades de ambas as partes, uma situação em que pode não ser muito agradável para nenhuma das partes. A análise do Follett sugere que a integração é medida para ser o melhor meio de determinar o conflito, embora não seja o instrumento mais fácil de funcionar, a integração parece ser possivelmente a melhor forma de lidar com o conflito de forma mais produtiva. A integração envolve a consciência de que o comportamento humano não é linear, mas circular, e o comportamento circular é o conflito significativo a positivo. Além disso, a vida de muitas pessoas é de tal forma manchada que a maioria das pessoas gosta de dominar sobre as outras. Mais uma dificuldade para integrar o assunto em disputa é muitas vezes sobre imaginação, em vez de ser assumida como uma actividade proposta. Finalmente, o maior de todos os obstáculos à integração é a falta de formação para as organizações.

Apesar dos problemas encontrados na decisão do conflito, ela reconheceu que os gestores deveriam tentar atingir um estado de integração, uma vez que este resolve o conflito e também o coloca numa prática construtiva. A Follett foi a primeira a reconhecer e a defender firmemente a opinião de que o processo de mudança que produz o conflito também oferece a oportunidade de provocar mais mudanças que são essenciais para resolver o conflito.

Conflito construtivo:
Mary parker Follett dá um lugar importante aos problemas de conflito na sua escrita. Ela avança a ideia de "Conflito Constrictivo reconhecendo que os conflitos devem ser considerados como um processo normal em qualquer actividade de uma organização através da qual as diferenças socialmente valiosas se registam para o enriquecimento de todos os envolvidos". Para Follett, o conflito é um momento de interacção de vontades. Tal como existem formas destrutivas de lidar com tais momentos, também existem formas construtivas. O conflito, como o momento de aparecimento e foco da diferença, pode ser um sinal de saúde e uma profecia de progresso. Desenhando analogias do universo, diz ela: todo o polimento é feito por fricção. A questão então é, como fazer com que o conflito funcione de forma construtiva. Follett diz, há três formas de resolver um conflito: dominação, compromisso e integração. A dominação é uma vitória de um lado sobre o outro. Isto é mais fácil por enquanto, não é bem sucedido a longo prazo. Compromisso é geralmente a forma como as pessoas resolvem a maior parte dos seus conflitos. Embora o compromisso seja um método amplamente aceite de resolução de conflitos, raramente as pessoas querem chegar a um compromisso, uma vez que isto implica renunciar a algo. A integração é o terceiro método de resolução de conflitos. Aqui, dois desejos são integrados, e nenhum dos lados precisa de sacrificar os seus desejos. A Follett considera que a integração como método de lidar com o conflito tem algumas vantagens quando comparada com o compromisso. Ela diz que o compromisso não cria algo novo, leva à invenção e à emergência de novos valores. Embora assinalando as vantagens da integração como método de resolução de conflitos, a Follett não ignora as dificuldades envolvidas na sua concretização. No entanto, afirma que o desejo do povo de resolver os seus problemas através da integração em si mesmo é encorajador. Se estivermos conscientes das suas vantagens, podemos tentar a integração em vez do compromisso ou da dominação.

Base de Integração:
O Follet também discute as bases para alcançar a integração. O primeiro passo para o conseguir, segundo ela, é trazer as diferenças para a luz do dia em vez de as suprimir. Portanto, o que é necessário é descobrir, identificar e

compreender as verdadeiras questões envolvidas num conflito. Isto implica descobrir os aspectos significativos, e não as características dramáticas envolvidas num conflito ou controvérsia. Neste contexto, a identificação dos momentos mais significativos leva à descoberta do conflito real. O segundo passo é a ruptura do todo, ou seja, considerar as exigências de ambas as partes envolvidas no conflito e dividi-las nas suas partes constituintes. A antecipação do conflito é o terceiro passo. A antecipação do conflito não significa evitar o conflito, mas responder a ele de forma difícil. Para Follett a integração é como um jogo de xadrez. A antecipação da resposta não é por si só suficiente; há também necessidade de preparação para a resposta. Isto implica a construção de certas atitudes no povo. A resposta é de dois tipos - circular e linear.

Obstáculos à integração:
A integração requer alta inteligência, percepção aguçada e discriminação, e uma inventividade brilhante. É sempre mais fácil lutar do que sugerir melhores formas de fazer um trabalho. Enquanto a inteligência e a inventividade não estiverem presentes, a resolução de conflitos através da integração seria difícil. Outro obstáculo é o hábito do povo de desfrutar da dominação. Diz a Follett, que as pessoas com tais padrões de hábito preferem sempre o domínio à integração. Um dos obstáculos à integração é que muitas vezes os problemas são teorias em vez de os tomar como actividades propostas ou esquecer que os desacordos desaparecerão se pararem de teorizar, continuando a teorizar o problema em questão. O uso da língua é um dos obstáculos à integração. A língua utilizada, diz a Follett, deve ser favorável à reconciliação. Outro obstáculo à integração é a influência indevida exercida pelos líderes. Finalmente, o mais importante de todos os obstáculos à integração é a falta de treino. Follett diz que, na maioria dos casos, há uma tendência para "fazer passar" ou "forçar" os planos, previamente alcançados, com base em noções pré-concebidas. Por conseguinte, ela defende que deveriam existir cursos para ensinar a arte do pensamento cooperativo, para dominar as técnicas de integração, tanto para trabalhadores como para gestores.
Dar ordens:
　　　Segundo a Miss Follett, as ordens não podem ser dadas de forma simples, de acordo com o teórico pertencente à organização clássica como Taylor, Fayol, Gullick e Urwick, os mecanismos importantes para a realização de trabalhos pelo povo incluem dar ordens de comando ou emitir ordens. Follett aprovou este conceito, sugeriu que, antes de dar ordens, três passos deveriam ser seguidos: a] desenvolver uma atitude responsável (b) desenvolver uma atitude consciente e jcj desenvolver uma atitude experimental. É também de notar que as variáveis muito importantes a este respeito são o tempo, o local e as circunstâncias. A atitude mental e os padrões

de hábito devem ser construídos com a ajuda de formação suficiente, especialmente em organizações industriais e empresariais. O Follett criticou o sistema de emissão de ordens, tanto por substância como por método. Segundo Follett, o trabalho de um gestor não é apenas dar ordens, ele deve aprender a destacar trabalhadores para que estes possam aceitar ordens sem questionar. Todos os gestores e os gerentes devem seguir a lei. O estudo de uma situação particular deve ser um estudo conjunto que é realizado tanto pelos gestores como pelos geridos. Além disso, deve estudar a situação total porque uma parte de uma situação nunca poderá ser gerida eficazmente.

Parece ser uma verdade intransigente, porque nem os gestores capazes de partilhar ou dispostos a partilhar o seu poder, nem os trabalhadores suficientemente inteligentes para contribuir para a indecisão. O Follet testemunhou que os gestores devem criar uma atitude necessária para o estudo cooperativo e a tomada de decisões. A Follett pronunciou algumas dificuldades específicas na emissão de ordens, e elas são as seguintes
A. A maioria dos trabalhadores, particularmente os qualificados, aqueles que têm um conhecimento e orgulho sobre o seu trabalho que os faz ressentir-se dos outros dizendo-lhes como o fazer ou mesmo o que fazer em pormenor.
B. Geralmente, a maioria das pessoas trabalha voluntariamente com outras, mas não gostam muito de trabalhar com idosos.
C. Ordens que são geralmente aceites podem suscitar conflitos entre obediência e liberdade.
D. A emissão de ordens, especialmente as detalhadas, retira a responsabilidade à pessoa a quem a ordem é emitida. Folheto dizia que a responsabilidade devia ser distribuída o mais amplamente possível.
E. Uma ordem que responda à lei da situação deve ser tomada em consideração na evolução da situação e na parte da gestão para a fazer evoluir. As opiniões do folheto sobre a emissão de uma ordem notaram que existem várias inconsistências nas suas proclamações. Nesta preocupação, ela discursou que os gestores devem encontrar os princípios subjacentes às diversas formas de emitir ordens e depois escolher quais os princípios que devem ser seguidos e, em última análise, anotar os resultados.

Liderança:

Miss Follett" tinha escrito dois artigos sobre liderança, o primeiro intitulava-se 'Discrepâncias na Teoria e Prática da Liderança' e o outro era 'Líder e Perito'. Uma relação mútua é a principal característica da liderança, Follett sustentava a conjectura de que, o líder não só inspira a sua
grupo, mas também é influenciado por ele. O líder deve também ser influenciado pelos peritos dentro da organização. Um bom líder cria poder de grupo em vez de exercer poder pessoal. A Follett defendeu que, a forma de

organização para a qual as empresas estavam a cuidar desalenta o uso indiscriminado do poder, porque o sistema não se baseia nem na igualdade nem na autoridade arbitrária, mas na unidade funcional. Num tal sistema, enquanto se tomam decisões, a voz dos peritos é levada à justificação pelo líder.

Na teoria da liderança o líder tinha uma personalidade convincente, usa o poder pessoal e obriga outros a fazer a sua vontade, Follett sugeriu que, as ordens nem sempre surgem directamente dos desejos dos líderes, surgem da situação de trabalho, e os subordinados podem contribuir para esta situação. Em resumo, a liderança, em tal situação vai para o homem com o conhecimento sólido da situação, que compreende, a sua importância total e que a pode ver através dela. O Follet expressou a importância do facto de que os líderes não nascem apenas, mas de facto podem ser desenvolvidos através da educação e da dinâmica de compreensão e comportamento humano.

A Psicologia do Controlo:

A Miss Follett foi apresentada um importante trabalho sobre o tema da psicologia do controlo, em Março de 1927. Antes de se chegar a uma compreensão do mecanismo de controlo, deve-se primeiro tentar conhecer a natureza das unidades, uma vez que a unidade eficaz através da qual as causas da organização podem funcionar para controlar. Segundo Follett, a Unidade pode ser determinada não só pelos seus componentes, mas também pelo relacioná-los uns com os outros. Follett salientou que a natureza ou actividade recíproca na criação da unidade, uma vez que o estudo da situação social será insuficiente, não o tem em conta.

Geralmente, cada processo social tem três aspectos interligados como, interagir, unificar e emergir. Estes três aspectos trabalham em conjunto para desenvolver a unidade. A Follett sentiu que na vida real, as suas influências não podem ser separadas umas das outras. A actividade semelhante progride o todo e as partes ao mesmo tempo. O resultado desta interacção e unificação das partes é o surgimento de uma nova situação e uma mudança nos sectores que estão envolvidos na interacção. Portanto, a necessidade de realizar a unidade surge porque a unidade é a origem do controlo.

A Gestão como Profissão:

Mary Parker Follett escreveu um importante artigo intitulado "Quem deve desenvolver a gestão empresarial para se tornar uma profissão? Uma das suas condições era que a gestão deve observar a profissão como uma função ou serviço à comunidade e pode ser exercida exclusivamente para benefício privado. Defendeu que uma profissão era exercida como uma das funções necessárias da sociedade e que não era uma tentativa de lucro privado. A este respeito, criticou a velha ideia de que um homem de negócios ganhava dinheiro para si próprio no tempo e depois prestava serviço à comunidade depois de reunir dinheiro suficiente para se dar ao luxo de ser altruísta. Os serviços do homem de negócios são tão importantes como os dos advogados, professores, médicos e engenheiros. O verdadeiro serviço dos homens de negócios não deve ser apenas a produção, mas também o bem-estar da sociedade, que é tão importante como o processo de produção.

Segundo a Follett, os negócios devem basear-se na aplicação de um corpo de conhecimentos e filosofias aceites e comprovadas. Isto inclui uma investigação exaustiva e constante e é susceptível de permitir a correcção de métodos e técnicas de gestão. Para obter lucro de tal experiência, cada empresa deve ter um analista de pesquisa de gestão cujas funções sejam classificar e compreender as experiências de gestão. Um gestor deve contribuir para o desenvolvimento da sua profissão participando activamente em associações de gestão, mas por cada acção que realiza durante o dia, ou seja, a forma de tomar decisões, emitir ordens e a forma como organiza comissões da organização.

O individualismo numa Sociedade Planeada:

A interdependência económica dos homens é o facto que é hoje geralmente reconhecido. Este reconhecimento torna imperativo o planeamento combinado a nível nacional ou mesmo internacional. Follett observou que o planeamento central imposto a partir do nível nacional sobre o nível local estava condenado ao fracasso. Ela acreditava que a coerção não era o conflito da Laussez fair. O planeamento nacional deveria ser um mecanismo que permitisse o processo de coordenação. A Follett analisa quatro princípios essenciais para o planeamento internacional e nacional.

A. Folheto recomendou a coordenação nas fases iniciais, ela significou que o contrato directo deve começar nas fases de desenvolvimento do processo político, porque a concepção de políticas e o ajustamento político são dois processos separados e, consequentemente, o processo de ajustamento político não pode começar depois de as políticas separadas terem sido concebidas. Este é um princípio vital que é largamente ignorado nos esquemas de planeamento nacional.

B. A coordenação por contacto directo das pessoas responsáveis envolvidas, ou seja, o planeamento nacional deve proporcionar um contacto directo entre os chefes de indústria responsáveis, em vez de subir e descer a linha através do chefe executivo. Sob tal sistema, a liberdade individual seria guardada em segurança e os chefes da indústria formariam o seu próprio controlo.

C. A coordenação como um processo contínuo, só pode ser resolvido de forma racional através de mecanismos de coordenação contínua, problemas.

D. A coordenação como a ligação mútua de todos os factores numa situação mostra que o processo de coordenação, se, este princípio for aplicado no planeamento nacional e às organizações industriais de um país, elas aprenderiam a entrelaçar os seus pontos de vista e as suas várias políticas. Assim, neste esquema de coordenação, será dado o maior alcance possível ao individualismo.

Conclusão:
As ideias inovadoras da Follett têm influenciado o campo da resolução de conflitos. Mary Parker Follett foi uma verdadeira filósofa de gestão. As fontes das ideias da Follett são encontradas de acordo com a sua época. À medida que se deslocava para consultar vários líderes industriais e políticos, ela reconheceu que era necessário um novo princípio de associação, porque os homens ainda não tinham aprendido a viver juntos. Chamou a este novo princípio o "conceito de grupo", pois a Follett foi uma pioneira que ajudou a colmatar a lacuna entre a abordagem mecanicista de Taylor e a abordagem contemporânea das relações humanas.

Referências:
1. L.Urwick e E.F.L., Brech, The making of Scientific Management, Vol. I, sir IsaacPitman & Sons, Ltd, Londan, 1955.
2. L.Urwick, the Golden Book of Management, Newman Limited, Londres, 1956.
3. Prasad Ravindra D., Administrative Thinkers, Light& Life Publishers, Nova Deli, 1980.
4. Dr. Prasad Outros (eds), Administrative Thinkers, Sterling Publishers, Nova Deli, 1989.

CAPÍTULO 8

CHESTER BARNARD - MODELO NEO-CLÁSSICO

Introdução:
O movimento das relações humanas progrediu como resposta à estrutura dura e autoritária da teoria clássica. Falou de muitos dos problemas inatos da teoria clássica. Neo afirmou que as teorias clássicas de organização faziam uma sobreconformidade e firmeza, esmagando assim a criatividade, o crescimento individual, e a motivação. A teoria neoclássica demonstrou uma preocupação sincera com as necessidades humanas.

Chester Barnard [1886-1961] forneceu visão sobre o conceito de organizações formais e informais dentro das empresas. Na sua escrita de 1939, Chester Barnard sugeriu uma das primeiras teorias modernas de organização, definindo a organização como um sistema de actividades conscientemente coordenadas.

A teoria da organização neoclássica resulta do êxodo do estilo duro e autoritário ligado à teoria clássica, concentra-se mais nas pessoas do que na produção. Os teóricos neoclássicos aumentaram a sua posição criticando as teorias clássicas, fonte importante do poder e da política, cultura organizacional, e teoria de sistemas.

Bernard define a organização "como um sistema de actividades conscientemente coordenadas de duas ou mais pessoas". É um sistema de interacções, um sistema composto de actividades de seres humanos, um sistema em que o todo é sempre maior do que a soma das suas partes e cada parte está relacionada com cada outra parte de alguma forma importante. A disposição da indução é um processo dinâmico que requer experiência e imaginação; ele sente que a função principal dos executivos é lidar com a economia de incentivos dentro de uma organização.

Organização como um Sistema Cooperativo:
O ser humano individual possui um poder de escolha limitado e é limitado por factores da situação total. O factor limitante mais importante na situação de cada indivíduo são as suas próprias limitações biológicas, sendo outros factores físicos e sociais. O método mais eficaz para ultrapassar estas limitações, na opinião de Barnard, é a acção social cooperativa. Isto exige que ele adopte um objectivo grupal ou não pessoal e que tenha em consideração o processo de interacção. Com a premissa básica de que os indivíduos devem cooperar, Barnard constrói a sua teoria de organização. Barnard define organização "como um sistema de actividades conscientemente coordenadas de duas ou mais pessoas". É um sistema composto pelas actividades dos seres

humanos, um sistema em que o todo é sempre maior do que a soma das suas partes e cada parte está relacionada com cada outra parte de alguma forma significativa. Como sistema, é mantido em conjunto por algum propósito comum pela vontade de certas pessoas de contribuir para o funcionamento da organização, e pela capacidade de tais pessoas comunicarem entre si. A satisfação que um indivíduo recebe em troca das suas contribuições pode ser considerada, do ponto de vista da organização, como incentivos ou incentivos.

Barnard, embora rejeitando o ponto de vista de que o homem é principalmente motivado por incentivos económicos, analisa a multiplicidade de satisfações e identifica quatro incentivos específicos, a saber, [1] Incentivos materiais tais como dinheiro, coisas ou condições físicas;
[2] oportunidades pessoais não materiais de distinção, prestígio e poder pessoal; [3] condições físicas desejáveis de trabalho; e [4] benefícios ideais, tais como o orgulho de trabalho, sentido de adequação, serviço altruísta para a família ou outros, lealdade à organização e patriotismo e sentimentos estéticos ou religiosos e a satisfação dos motivos de fé ou vingança.

Barnard também menciona quatro tipos de "incentivo geral". São eles: [1] A associatividade baseada na compatibilidade com os associados; [2] A adaptação das condições de trabalho aos métodos e atitudes habituais; [3] A oportunidade para o sentimento de participação alargada no decurso dos acontecimentos; e [4] A condição de comunhão com os outros, uma condição baseada no conforto pessoal nas relações sociais e a oportunidade de camaradagem e de apoio mútuo nas atitudes pessoais.

Ao discutir a relação entre os incentivos específicos, Barnard sustenta que as recompensas económicas são ineficazes para além do nível de subsistência. Diz também que os incentivos não podem ser aplicados mecanicamente, e que a sua proporção depende de situações, tempos e indivíduos particulares. A disposição dos incentivos é um processo dinâmico, que requer experiência e imaginação. Barnard considera que a principal função dos executivos é lidar com a economia dos incentivos dentro de uma organização.

Organização Formal e Informal:

Bernard define as organizações formais, como um sistema de acções deliberadamente combinadas ou que força duas ou mais pessoas. Tais organizações só se tornam realidade quando 1 há pessoas capazes de comunicar pessoas entre si 2 que estão dispostas a contribuir com a acção 3 para a realização de um objectivo comum. Por conseguinte, a comunicação, a prontidão para servir e o propósito comum são os três elementos da organização formal. Não pode haver organização sem indivíduos, os seus serviços ou actos devem ser tratados como a criação de uma organização. A preparação pode ser expressa em termos de lealdade, solidariedade e força de organização. A prontidão, positiva ou negativa, é a expressão da experiência de aprovação ordinária da rede por cada indivíduo.

Para a cooperação deve haver um objectivo e pode ser chamado de "propósito" de uma organização, por outras palavras, pode ser dito sistema, coordenação e cooperação necessários para uma organização. Segundo Barnard, "uma finalidade objectiva que pode servir de base a um sistema de cooperação é aquela que se acredita ser a finalidade determinada da organização pelos contribuintes". A diferença tem de ser feita entre o propósito organizacional e o motivo individual. A finalidade comum é impessoal, externa e objectiva. Este é um processo dinâmico que traduz o propósito em acção, os métodos de comunicação podem ser verbais ou escritos ou observacionais.

Os indivíduos na organização interagem nas suas relações pessoais e não no seu objectivo organizacional. Tais interacções levariam ao cumprimento de alguns requisitos pessoais, tais relações tornam-se sistematizadas e resultam em organizações informais. Barnard descreve as organizações informais como o acumular de contratos e interacções pessoais e os agrupamentos de povos ligados entre si. Tais organizações são indefinidas, estruturam menos e são uma massa informe, sem forma, de densidades variadas. Este tipo de organização informal terá um impacto ponderado nos membros das organizações formais, trazendo uma interacção constante entre as organizações formais e informais. Tais organizações informais, para serem operativas, devem estabelecer organizações formais no seu seio. As organizações formais internas criam organizações informais como meio de comunicação e para proteger os indivíduos do domínio da organização formal.

A Teoria da Autoridade:

Barnard não concorda com o conceito tradicional de autoridade e introduz a aceitação como base da sua teoria de autoridade. Ele define autoridade como "o carácter da comunicação [ordem] numa organização formal em virtude da qual é aceite por um contribuinte ou membro da organização como governando ou determinando o que ele faz ou não deve fazer no que diz respeito à organização". A pessoa nas organizações só aceita a autoridade quando quatro condições se verificam simultaneamente:

1 Quando a comunicação é compreendida, as comunicações só podem ser compreendidas se forem inteligíveis, uma vez que a maior parte das comunicações nas organizações são gerais e inteligíveis.

2 Coerência com o objectivo organizacional, qualquer comunicação não é compatível com o objectivo da organização é pouco provável que seja aceite.

3 Compatibilidade com os interesses pessoais, se as comunicações forem

prejudiciais aos interesses pessoais dos indivíduos, têm poucas hipóteses de aceitação.

4 Capacidade física e mental para cumprir, nos casos em que uma pessoa é incapaz de cumprir uma ordem, será geralmente desobedecida ou dispensada.

Ficção de Autoridade:

A competência da organização depende do ponto a que o indivíduo aceita as ordens. Normalmente, a autoridade de uma comunicação não será negada, pois sabem que é uma ameaça para todos os indivíduos que recebem um benefício líquido da organização. A ficção da autoridade estabeleceu a crença de que o indivíduo aceita ordens dos superiores, porque quer evitar fazer questões de tais ordens e evitar experimentar a subserviência pessoal ou menos de posição pessoal com os seus semelhantes. A ficção da autoridade superior parece ser essencial por duas razões importantes. Em primeiro lugar, a ficção da autoridade superior permite ao indivíduo enviar para cima ou para a organização, a responsabilidade por aquilo que é uma decisão da organização. Em segundo lugar, a desobediência à autoridade em proveito pessoal, deve ser construída como ataques deliberados contra a própria organização.

O Sistema de Coordenação:

Barnard sustenta que, superior não é a autoridade e não tem qualquer autoridade. Uma comunicação não pode ser autorizada, a menos que seja um esforço ou uma acção da organização. A autoridade depende das atitudes pessoais cooperativas dos indivíduos em relação ao sistema de comunicação na organização. Os seguintes factores controlam o carácter do sistema de comunicação como o sistema de autoridade objectiva
1 O canal de comunicação deve ser conhecido
2 A autoridade objectiva requer um canal formal definido para cada membro das organizações A linha completa de comunicação deve ser normalmente utilizada
4 A linha de comunicação deve ser tão directa ou tão curta quanto possível
5 As pessoas que como comunicadores, tais como oficiais, chefes de supervisão, devem ser auto-suficientes
6 A linha de comunicação não deve ser interrompida? Todas as comunicações devem ser autenticadas.

Na literatura organizacional moderna, o conceito de autoridade ocupa um lugar notável. Numerosas teorias, conceitos e modelos foram desenvolvidos em diferentes disciplinas das ciências sociais para examinar o significado, o papel, os tipos de natureza e as limitações da autoridade numa organização. Tem de ser notório a partir de outros tipos de poder de influência e persuasão.

Weber define o poder como "a probabilidade de um factor dentro de uma relação social estar em posição de realizar a sua própria vontade apesar da resistência". Portanto, poder é um termo mais completo que inclui controlo através do uso do risco ou da pressão física e compreende regular as condições de funcionamento de tal forma que outros sejam obrigados a agir no seu interesse, em vez do seu próprio interesse. Weber define autoridade como "a probabilidade de certos comandos específicos de uma dada fonte serem obedecidos por um grupo de pessoas". Consequentemente, é óbvio que a autoridade obtém obediência deliberada dos subordinados que respondem às suas ordens ou ordens, devido à sua confiança na legalidade dessas ordens. As causas da autoridade podem ser um único indivíduo ou talvez uma instituição objectiva, como as leis.

Weber classificou a autoridade em três tipos com base nos seus fundamentos de legitimidade. A Weber classificou a autoridade em tipos tradicionais, carismáticos e jurídico-racionais. Estes três tipos de autoridade são baseados em três tipos diferentes de base de legitimidade. São os seguintes
1. Autoridade tradicional latente na crença reconhecida na santidade de
   tradições seculares.
2. A autoridade jurídico-racional assenta na crença da legalidade das regras e na capacidade do líder para emitir ordens ao abrigo das regras.
3. Autoridade carismática assente na extraordinária, ou excepcional ou sobrenaturalqualidades ou carácter do líder.

Influenciado por Weber, Chester Bernard tentou analisar diferentes aspectos de autoridade. Ele estabeleceu um novo conceito de autoridade baseado na natureza humana. De acordo com Barnard, autoridade numa organização, mais ligada aos aspectos de informação sobre os quais as autoridades não têm controlo. Ele opinou que cada membro da organização detém uma "zona de indiferença" definida, de reconhecimento que inspira a sua prontidão para seguir as ordens da autoridade superior. Assim, a capacidade dos superiores para regular e dirigir os trabalhadores, depende da autoridade formal, bem como das perspectivas dos trabalhadores. Barnard argumenta também que o gestor moderno tenta sempre aumentar a "zona de aceitação" dos trabalhadores, oferecendo-lhes vários tipos de incentivos. A este respeito, Barnard desenvolveu uma nova conceptualização da autoridade baseada na informação, relações de grupo e aspectos humanos.

Bernard Views on Authority:

O conceito de autoridade que Barnard descreveu, talvez a contribuição mais significativa. Bernard define a autoridade como "o carácter de uma comunicação numa organização formal em virtude da qual é aceite por um contribuinte, ou "membro" da organização, como regendo a acção que ele contribui e que é determinante para que ele faça ou não o faça no que diz respeito à organização". Por outras palavras, a autoridade existe numa relação entre um superior e um subordinado, não numa posição estática; e só é exercida com sucesso quando é aceite, e não em questões de comando. O conceito de organização de Bernard é baseado num sistema de intercâmbio. Uma vez que a participação contínua depende da avaliação de um equilíbrio positivo de incentivos em relação às contribuições exigidas, o participante tem a alternativa de recusar obedecer à autoridade organizacional, com base na ameaça de retirar da organização.

A definição de autoridade de Bernard dá origem a dois pontos vitais como, em primeiro lugar, Bernard salienta que o ponto de aceitação é o aspecto mais importante de uma autoridade. A decisão de obedecer a um comando cabe à pessoa a quem ele é dirigido. Em segundo lugar, ele faz da autoridade uma parte essencial da organização e não algo consultado a partir do exterior.

Bernard pensou que, a autoridade era exercida através da comunicação e a comunicação será aceite com autoridade se cumprir as quatro condições essenciais seguintes. São as seguintes:
A. Inteligibilidade
B. Consistência
C. Compatibilidade
D. Viabilidade

Bernard estabelece quatro condições para o exercício efectivo da autoridade, todas elas enfatizando o papel do subordinado na relação de autoridade e a importância de uma comunicação eficaz. Principalmente, o subordinado deve compreender o comando. Em segundo lugar, no momento da decisão de aceitar ou não a autoridade, o subordinado deve confiar em que o comando é constante para o fim da organização. Em terceiro lugar, o subordinado deve confiar que o comando é de confiança nos seus interesses pessoais como um todo. Em quarto lugar, o subordinado deve ser mentalmente e fisicamente capaz de obedecer ao comando. Por conseguinte, a comunicação desempenhará um papel fundamental no exercício da autoridade.

Bernard considerou que a aceitação é o aspecto terrível no exercício da autoridade. Afirmou ainda que a aceitação depende de incentivos líquidos, a circunstância essencial para o exercício efectivo da autoridade. Bernard salienta a natureza individual do exercício da autoridade e destaca também a possibilidade de não aceitação da autoridade. Bernard observou certamente que, o exercício da autoridade é frequentemente fútil e infringe as regras sob certas condições e seria uma responsabilidade moral dos subordinados. Isto sugere, finalmente, que a resposta do subordinado às directivas organizacionais não está pré-determinada. Bernard indica que os subordinados respondem à autoridade de várias maneiras. Podem aceitar uma directiva sem consideração dos seus méritos ou aceitar apenas após consideração dos seus méritos, e finalmente rejeitar.

Bernard descreve as três primeiras respostas como a "zona de indiferença". A zona de indiferença compreende a aceitação sem consideração dos méritos e constitui uma área em que as ordens são automaticamente obedecidas. Bernard argumenta que é necessária uma grande zona de indiferença entre os subordinados para simplificar o processo suave da organização.

Bernard enfatiza, a natureza subjectiva da autoridade e reconhece a possibilidade de, em alguns casos, as ordens poderem ser desobedecidas, esquecendo-se da importância da natureza objectiva da autoridade. A autoridade objectiva, baseada em posição ou competência, é importante para qualquer organização, e quando uma autoridade de posição é unida à autoridade de competência, ela torna-se muito eficaz.

Bernard explica que se as ordens não forem obedecidas, a própria sobrevivência da organização tornar-se-ia duvidosa. No entanto, os membros da organização têm interesse pessoal em manter a autoridade de todas as ordens que se enquadram na sua zona de indiferença. Esta é uma função importante da organização informal, que é desempenhada através da opinião da organização e das atitudes de grupo.

Uma vez que, Bernard apoia a teoria da aceitação da autoridade que aceita que o conceito de autoridade superior é uma ficção. Ele acredita que, tal ficção é útil para as organizações de forma. Segundo ele, a ficção da autoridade superior permite aos indivíduos delegar a responsabilidade pelas decisões a outros. Além disso, também enfatiza que o exercício arbitrário da autoridade objectiva prejudicaria os interesses da organização. De facto, o bem da organização é necessariamente afectado pela medida em que os indivíduos obedecem às ordens da sua autoridade superior. Nas próprias palavras de Bernard, "esta ficção apenas estabelece uma presunção entre os indivíduos a favor da aceitabilidade das ordens dos superiores, permitindo-lhes evitar fazer questões de tais ordens sem incorrer num sentido de subserviência pessoal de questões pessoais cuidadosamente. Mas Bernard admite que a ficção da autoridade superior tem também uma consequência negativa. Segundo ele, só porque uma ordem vem de cima, não significa que aqueles que a recebem agiriam em conformidade.

Ainda têm o prazer de desobedecer se sentirem que aqueles que ocupam posições de autoridade demonstram incompetência e ignorância das condições ou não comunicam correctamente.

Bernard estabeleceu certos princípios de autoridade que estão mais na natureza de princípio orientador para os executivos na salvaguarda da

aceitação das ordens.
1. As ordens devem ser entendidas de modo a serem apropriadas e compreendidas em circunstâncias específicas.
2. As autoridades deveriam dar mais atenção à sua responsabilidade do que à sua autoridade.
3. As autoridades devem estar conscientes dos limites do ditado de que a autoridade e a responsabilidade devem ser iguais.
4. Os superiores não devem emitir ordens contraditórias.

Bernard também analisa as capacidades de uma comunicação eficaz. Segundo ele, uma comunicação deve ter a assunção de autoridade quando instiga em alguma fonte da organização. Uma tal fonte teria mais peso se fosse um centro de comunicação em vez de um indivíduo e também se se relacionasse directamente com a situação real que se opõe ao destinatário da mesma. Do ponto de vista de Bernard, uma comunicação é ainda mais reforçada se associar autoridade de posição com autoridade de liderança. A confiança criada por uma tal combinação pode ser feita através da aceitação da autoridade como um incentivo.

Bernard sublinha que, os canais de comunicação devem ser específicos e claros. Isto pode ser conseguido através de descrições de funções, organogramas, avisos oficiais de novos cargos, reuniões de pessoal. Estas estratégias ajudam os membros a estabelecer uma relação formal definida e específica com a organização. As linhas de comunicação devem ser tão directas quanto as linhas alargadas podem aumentar as possibilidades de erro na transmissão.

Bernard vê a responsabilidade como o poder de um determinado código privado ou moral que toregulam a conduta do indivíduo na presença de fortes exigências ou desejos contrários, Bernard sublinhou correctamente a sua importância. Segundo ele, a responsabilidade é determinada por um conjunto complexo de muitos códigos - legais, técnicos, profissionais e morais, etc. Daí que seja difícil para um homem ser responsável em relação a todos eles. Em segundo lugar, estes códigos são menos eficazes devido aos acordos externos.

Bernard diz que, uma vez que existem vários códigos privados que regem a conduta dos indivíduos, os conflitos são inevitáveis nas organizações. Estes conflitos são agudos e graves, particularmente entre códigos com igual validade ou poder. Bernard salienta que estes conflitos podem afectar a organização de três formas.

A. Conduzem a um sentimento de culpa, embaraço, desilusão e perda de respeito próprio entre os membros da organização.

B. Eles paralisam a acção e criam tensão, frustração e bloqueio na tomada de decisões e falta de confiança.

C. A não conformidade de um código pode levar à sua disparidade, a menos que as forças externas sejam suficientemente fortes para o manter vivo. Bernard conclui a sua análise sobre a responsabilidade destacando o papel da moralidade na organização. Ele opinou que os indivíduos possuem códigos morais pessoais quando se encontram numa posição executiva, certos códigos extra são colocados sobre eles e com eles devem obedecer.

As Funções Executivas:
Nas organizações, os executivos desempenham várias funções necessárias para assegurar a coordenação do sistema cooperativo. Actuam também como canais de comunicação. No entanto, todo o trabalho por eles desenvolvido, segundo Barnard, não é um trabalho executivo. Muito frequentemente, os executivos podem desempenhar certas funções como o Vice-Chanceler a dar palestras em sala de aula ou um gestor a vender os produtos que não podem ser chamados como trabalho executivo. Para Barnard, o trabalho executivo envolve um trabalho especializado de manutenção da organização em funcionamento. As funções executivas são como as do sistema nervoso, incluindo o cérebro em relação ao resto do corpo.

Barnard classificou as funções do executivo sob três cabeças: [1] a manutenção da comunicação da organização, [2] a garantia dos serviços essenciais dos indivíduos, e [3] a formulação da finalidade e dos objectivos.

Manutenção da Comunicação da Organização:
Esta função tem três fases importantes. A primeira é a definição do "esquema de organização" ou a definição dos cargos organizacionais, a segunda é a manutenção de um sistema de pessoal e a terceira é a garantia de uma organização informal. O esquema de organização trata dos organogramas, da especificação das funções e da divisão do trabalho. Representa também assegurar a coordenação do trabalho, dividindo o objectivo em objectivos subsidiários, especializações e tarefas. Está também relacionado com o tipo e qualidade dos serviços do pessoal que podem ser assegurados e a quantidade de pessoas que podem ser colocadas sob um sistema cooperativo. Os incentivos que devem ser oferecidos são também relevantes. Mas definir o esquema de organização ou posições organizacionais é de pouco processo inclui, segundo Barnard, a selecção de homens e a oferta de incentivos; técnicas de controlo que permitam a eficácia na promoção, demoção e despedimento de homens.

O pessoal recrutado para posições organizacionais deve ser leal e possuir capacidades pessoais específicas. Estas capacidades são de dois tipos: capacidades gerais envolvendo prontidão, abrangência de interesse, flexibilidade, faculdade de ajustamento, equilíbrio e coragem; e capacidades

especializadas baseadas em aptidões e técnicas adquiridas. As duas primeiras fases são ambas complementares e dependentes uma da outra. Uma vez que, segundo Barnard, os homens não são bons nem maus, mas tornam-se bons ou maus em particular, tendo em consideração o poder humano disponível.
As organizações informais promovem os meios de comunicação organizacional. Com boas organizações informais, a necessidade de decisões formais é reduzida, excepto em situações de emergência. Mesmo uma ordem formal implica o acordo informal. Os executivos devem sempre tentar evitar ordens que são claramente inaceitáveis e devem lidar com tais situações através de meios informais.

As organizações informais desempenham as seguintes funções:
(a) Comunicação de factos ininteligíveis, opiniões, sugestões e suspeitas - que não podem passar facilmente pelos canais formais;
(b) Para minimizar cliques excessivos de influência política;
(c) Para promover a autodisciplina do grupo; e
(d) Tornar possível o desenvolvimento de importantes influências pessoais na organização.

Assegurar os Serviços Essenciais dos Indivíduos:
A tarefa de assegurar os serviços essenciais dos indivíduos tem dois aspectos principais, a saber, trazer as pessoas para uma relação de cooperação com a organização, e chamar a atenção para os serviços após terem sido trazidos para essa relação. Cada organização, a fim de sobreviver, tem de atender deliberadamente à manutenção e ao crescimento da sua autoridade para fazer as coisas necessárias à coordenação, eficácia e eficiência. Barnard utiliza a 'eficiência' no sentido especializado da capacidade de uma organização para oferecer incentivos eficazes em quantidades suficientes para manter o equilíbrio do sistema.

Formulação da Finalidade e Objectivos:
A terceira função do executivo é formular e definir a finalidade, objectivos e fins da organização. A finalidade da organização deve ser aceite por todos os que contribuem para o sistema de esforços. A assunção de responsabilidade e a delegação de autoridade são aspectos cruciais das funções do executivo. Em cada nível abaixo, a finalidade, objectivos e direcção são redefinidos com referência a esse nível, o tempo e os resultados a alcançar. A finalidade é definida em termos de especificações do trabalho a realizar e as especificações são feitas quando e onde o trabalho está a ser realizado.

A formulação e definição do objectivo é uma função amplamente distribuída e apenas a parte geral da qual é executiva. A formulação e redefinição do objectivo requer um sistema sensível de comunicação, imaginação, experiência e interpretação. As funções do executivo são elementos de um todo orgânico e a sua combinação faz uma organização. Esta combinação envolve dois incentivos à acção: [a] as funções executivas são parcialmente determinadas pelo ambiente da organização, e [b] depende da manutenção da vitalidade da acção, ou seja, da vontade de esforço. Em suma, a função executiva está principalmente relacionada com a síntese de factores físicos, biológicos e cruciais

Conclusão:

O modelo Neo-clássico de Chester Bernard sobre autoridade lança uma luz sobre diferentes aspectos da obtenção de autoridade em organizações formais. Ainda que a sua teoria da autoridade seja abstracta, no entanto fornece muitos valores práticos aos gestores modernos. A sua teoria de aceitação da autoridade que foi desenvolvida sistematicamente com base na experiência prática e tem uma grande tolerância mesmo para com os executivos actuais. A influência desta teoria tanto sobre os profissionais como académicos no campo da administração e gestão é tão profunda que ainda hoje é considerada como pioneira.

Referências:

1. Bertram M. Gross, a Gestão das Organizações: The AdministrativeStruggle, Nova Iorque, Free Press, 1964.
2. D.Gvishiani, Organização e Gestão: A Sociological Analysis ofWestern Theories, Moscovo, Progress Publishers, 1972.
3. R.J.S Baker, Administrative Theory and Pubic Administration, Londres,Biblioteca da Universidade de Hutchinson, 1972.
4. Prasad Ravindra D., Administrative Thinkers, Light& Life Publishers, NewDelhi, 1980.
5. Dr. Prasad Outros [eds], Administrative Thinkers, Sterling Publishers, NewDelhi, 1989.

I want morebooks!

Buy your books fast and straightforward online - at one of world's fastest growing online book stores! Environmentally sound due to Print-on-Demand technologies.

Buy your books online at
www.morebooks.shop

Compre os seus livros mais rápido e diretamente na internet, em uma das livrarias on-line com o maior crescimento no mundo! Produção que protege o meio ambiente através das tecnologias de impressão sob demanda.

Compre os seus livros on-line em
www.morebooks.shop

 info@omniscriptum.com
www.omniscriptum.com

Printed by Books on Demand GmbH, Norderstedt / Germany